초등학생이 알아야 할
참 쉬운 비즈니스

라라 브라이언, 로즈 홀 글

켈런 스토버 그림

윌슨 터킹턴, 브라이어니 헨리 감수

고정아 옮김

차례

사업이란 무엇인가요?   4
사업은 왜 필요한가요?   6
사업은 어디에나 있어요   8
사업을 시작하는 이유는 무엇인가요?   10

제1장 사업을 시작하는 법   13
사업을 해 보고 싶나요? 그 전에 꼭 알아 두어야 할 기초가 있어요. 사업 아이디어를 떠올리고, 시험해 보고, 경쟁에서 이길 수 있을지 조사하고, 사업에 필요한 돈을 마련하는 일들이지요.

제2장 물건을 파는 법   31
기초 단계를 마쳤다고요? 이제 다음 물음을 생각할 단계예요. 상품이나 서비스를 어디서 팔아야 할까요? 가격은 얼마로 매겨야 할까요? 사람들이 그 상품이나 서비스를 사도록 어떻게 유도할까요?

제3장 돈을 관리하는 법   51
기업은 사업에 들인 돈보다 더 많은 돈을 어떻게 벌 수 있나요? 사업가는 왜 세금을 내나요? 사업이 실패하는 까닭은 무엇인가요?

제4장 기업 안팎의 사람들   67
기업의 안과 밖에서는 어떤 사람들이 무슨 일을 할까요? 좋은 경영자가 되려면 무엇이 필요하고, 어떻게 해야 직원들이 능력을 발휘할 수 있을까요? 기업이 소비자와 지역 사회에 어떤 영향을 미칠까요?

제5장 제품 만들기 … 83
너무 많은 비용을 들이지 않고도 품질이 우수한 제품을 만드는 방법은 무엇일까요? 고객을 만족시키는 동시에 환경에 주는 피해를 줄이는 제품을 만드는 방법은 무엇일까요?

제6장 기업의 성장 … 95
기업은 크면 클수록 좋을까요? 기업을 어떻게 성장시킬 수 있을까요? 기업이 너무 크면 좋지 않을 수도 있나요?

제7장 기업이 더 고민해야 할 것들 … 109
기업은 주위의 어떤 문제에 영향을 받을까요? 경기와 이자율은 무엇이고, 기업에 어떤 영향을 미칠까요? 정부가 기업을 지원하고 규제하는 방법은 무엇일까요? 신기술은 사업에 어떤 영향을 줄까요?

무엇을, 어떻게 할까요? … 120

낱말 풀이 … 122
찾아보기 … 125
만든 사람들 … 128

난 사업에 어울리지 않아.

사업은 누구나 할 수 있어. 어울리는 사람이 따로 있는 건 아니야!

내 사업을 하고 싶은데, 어떻게 시작해야 할지 모르겠어!

이 책을 읽어 봐! 사업 경영의 기초를 알게 될 거야. 3장까지만 읽어도 사업을 할 수 있다는 자신감이 생길걸.

사업이란 무엇인가요?

사람들에게 필요한 물건을 만들어 주거나 일을 대신 해 주고 돈과 같은 대가를 받는 일을 '**사업**'이라고 해요. 한 사람이 운영하는 거리의 가판대도 사업이고, 수천 명이 일하는 크고 유명한 회사도 사업이에요.
사업이 성공하려면 사업으로 버는 돈이 사업을 위해 쓰는 돈보다 더 많아야 해요. 이렇게 사업을 하느라 쓴 돈을 빼고 거두어들이는 돈을 '**이익**'이라고 해요.

사업체가 하는 일

사업체는 상품을 만들어서 팔아요. 상품 가운데 책이나 헝겊 인형처럼 손으로 만질 수 있는 것을 '**재화**'라고 불러요.

사업체는 돈을 받고 일을 하기도 해요. 식품을 배달하거나 머리를 잘라 주는 일 등이 있지요. 이런 것을 '**서비스**'라고 해요.

어떤 사업체는 재화와 서비스를 결합한 상품을 팔아요.

사업은 왜 필요한가요?

사업이 사라지고 없는 세상을 상상해 보세요. 모든 사람이 필요한 것들을 직접 만들거나 구해야 할 거예요.

그런데 케이크에 필요한 모든 재료를 스스로 마련해야 한다고 생각해 보세요.

이와 달리, 필요한 분야의 일들을 여러 사람이 나누어서 맡으면 어떨까요? 사람들이 필요로 하는 일을 서로 해 주기 때문에, 각자 맡은 일을 효율적으로 더 잘할 수 있을 거예요. 이렇게 혼자서, 또는 여러 사람이 모여서 전문적인 일을 하는 **사업체**나 **기업**을 이룰 수 있어요.*

*사업체와 기업(회사)은 비슷한 뜻으로 쓰이는데, 기업은 큰 사업체를 가리키기도 해요.

사업은 어디에나 있어요

사업으로 할 수 있는 일들은 무엇일까요? 사람들이 필요로 하는 게 무엇인지, 어떤 사업체들이 그러한 필요를 채워 주는지 살펴보아요.

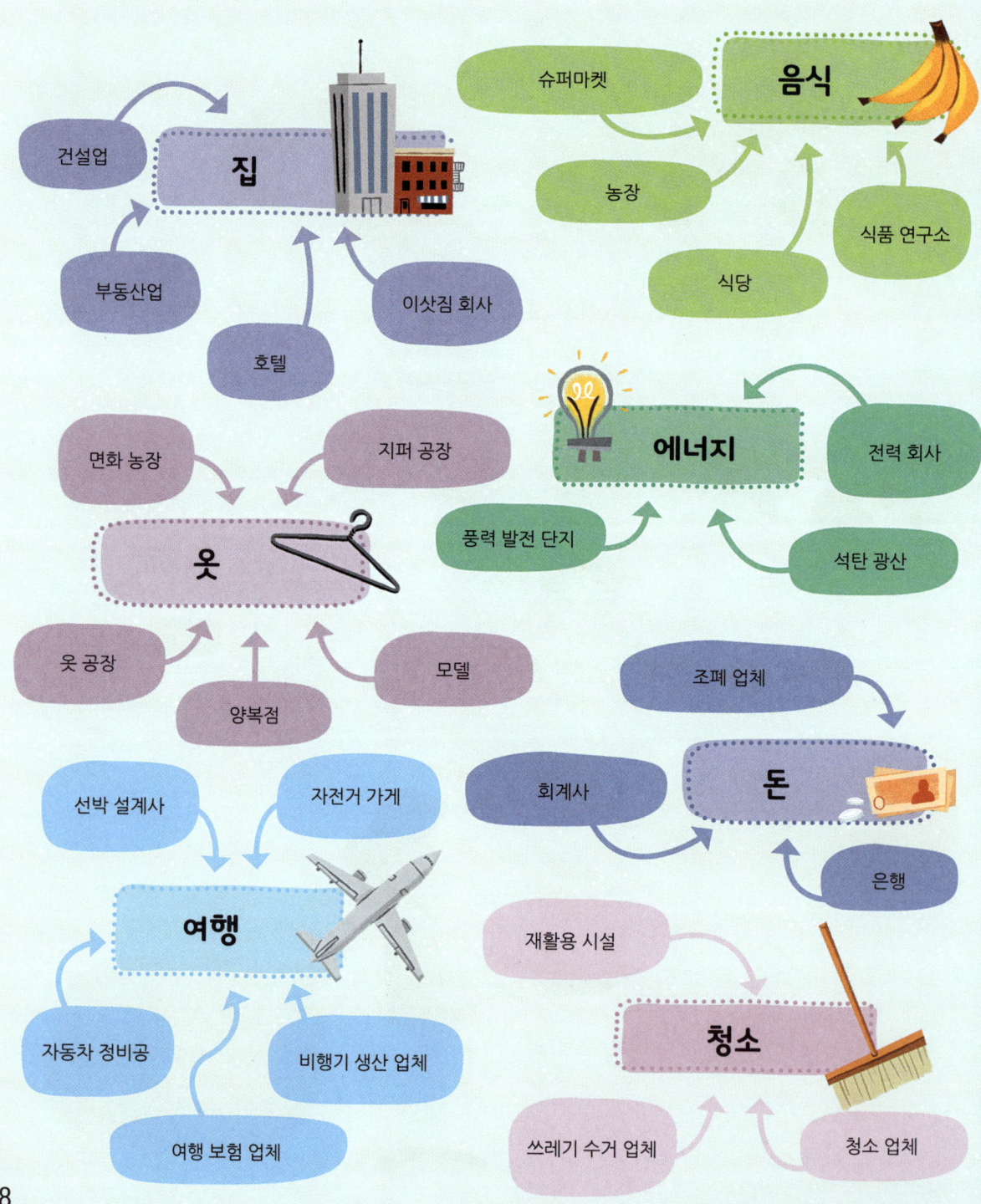

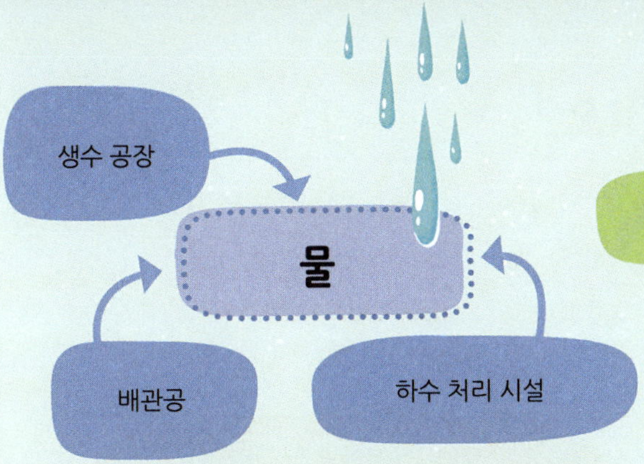

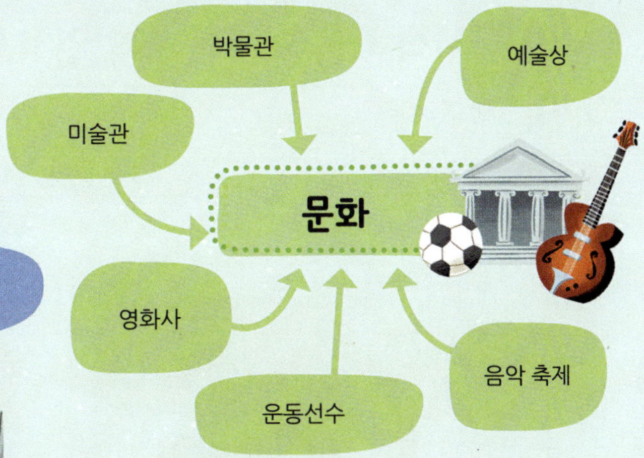

생수 공장 → 물 ← 하수 처리 시설
배관공 → 물

미술관 → 문화 ← 박물관
영화사 → 문화 ← 예술상
운동선수 → 문화 ← 음악 축제

인터넷 공급 업체 → 통신 ← 휴대 전화 생산 업체
텔레비전 회사 → 통신 ← 신문사
택배 업체 → 통신

하지만 없는 데도 있어요

어떤 재화와 서비스는 사업체 대신 **정부**가 맡아서 공급해요. 돈이 부족한 사람들도 마땅히 누릴 필요가 있는 것들을 낮은 값에 공급해 주기 위해서지요. 예를 들면 보건, 교육, 도로 관리 등이 있어요.

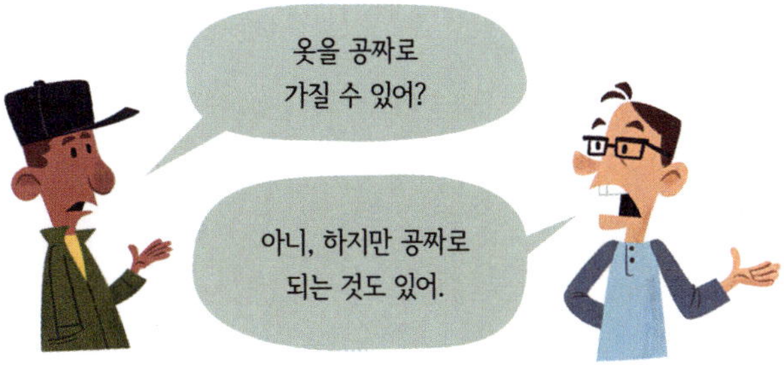

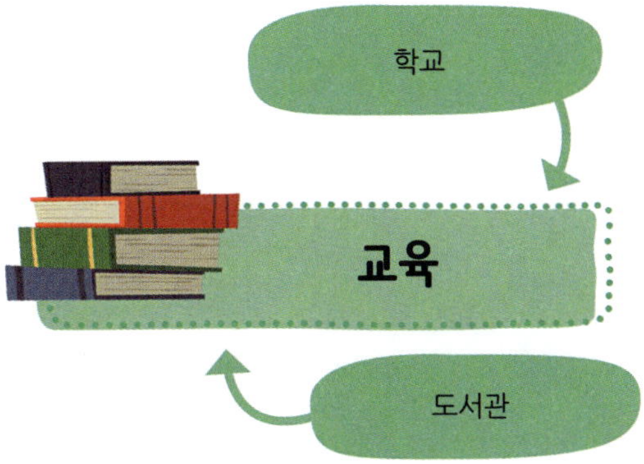

옷을 공짜로 가질 수 있어?

아니, 하지만 공짜로 되는 것도 있어.

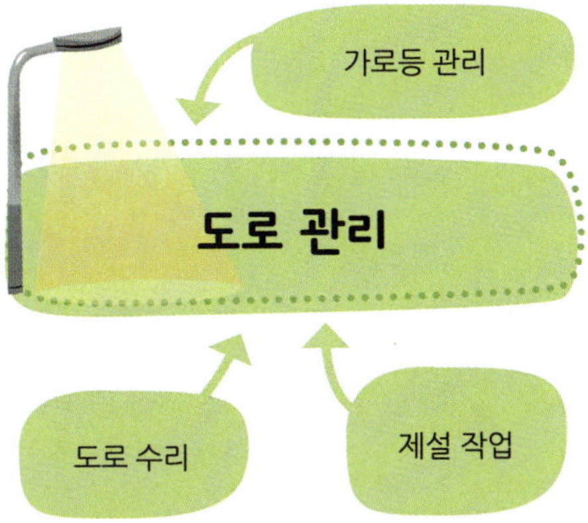

가로등 관리 → 도로 관리
도로 수리 → 도로 관리 ← 제설 작업

학교 → 교육 ← 도서관

사업을 시작하는 이유는 무엇인가요?

사업을 하는 사람을 '**사업가**'(또는 기업가)라고 해요. 사람들은 다양한 이유로 사업가가 된답니다.

어떤 사람들은 돈을 벌기 위해 사업을 해요.

때로는 문제를 해결하고 싶어서 사업을 시작해요.

어떤 사람들은 세상을 더 좋게 만들려고 사업을 해요.

몇 년 전……

"한심한 놈!"
"맛 좀 볼래?"
학교 폭력은 싫어. 그 누구도 이런 일을 겪지 않게 해야 돼.

그 후……

"내가 불리박스라는 모바일 앱을 만들었어. 학생들이 익명으로(이름을 밝히지 않고) 학교 폭력을 신고할 수 있는 앱이야."

"이 앱을 사용하면 학교가 즉시 신고를 받아서 학생들이 다치지 않게 보호할 수 있어."

실제 사례
이 표시는 실제 있는 사업체의 이야기라는 뜻이에요.

브랜던 보인턴
(미국 인디애나 주의 16세 소년)

어떤 사업가들은 아이디어를 상품으로 만드는 데 재미를 느끼기도 해요.

"어느 날 스쿨버스가 늦게 와서 부모님이 무척 걱정하셨어."

"그래서 내가 스쿨버스의 이동을 추적하는 앱을 만들었지. 이 앱을 쓰면 부모님들이 시간 맞춰 버스 정류장으로 아이들을 마중 나갈 수 있어."

"내 아이디어가 현실이 되는 게 정말 기뻤어. 내가 만든 앱 로카테라는 상도 많이 받았어."

실제 사례

S. 아르준
(인도 첸나이의 12세 소년)

여러 이유들이 합쳐져서 사업을 시작하는 사람들도 있어요. 사업가들은 좋은 상품이나 서비스를 세상에 선보이는 일에서 큰 기쁨을 느낀답니다.

제1장
사업을 시작하는 법

    사업가가 되고 싶나요? 누구나 사업가가 될 수 있어요. 하지만 사업을 하려면 먼저 생각해야 할 것들이 있어요. 제1장에서 사업을 시작하기 전에 알아야 할 기초를 살펴보아요..

    우선, **아이디어**를 떠올리고 시험해 봐야 해요. 내가 팔려는 재화나 서비스를 원하는 시장이 있는지 확인하고, **경쟁**에서 앞서 나갈 방법을 찾아야 해요.

    그런 다음, **사업 계획서**를 작성해요. 이 과정은 사업 목표를 세우는 데 도움이 돼요. 사업 계획서는 다른 사람에게 사업 자금 등의 지원을 요청할 때 필요하기도 하답니다.

사업 아이디어

모든 사업은 아이디어에서 시작돼요. 당장 머릿속에 떠오르는 것이 아무것도 없다면 '마인드맵'을 활용해 보세요. 종이에 아래 말풍선 속 질문을 적고, 연관된 아이디어를 주변에 생각나는 대로 가능한 한 많이 적어 보세요.

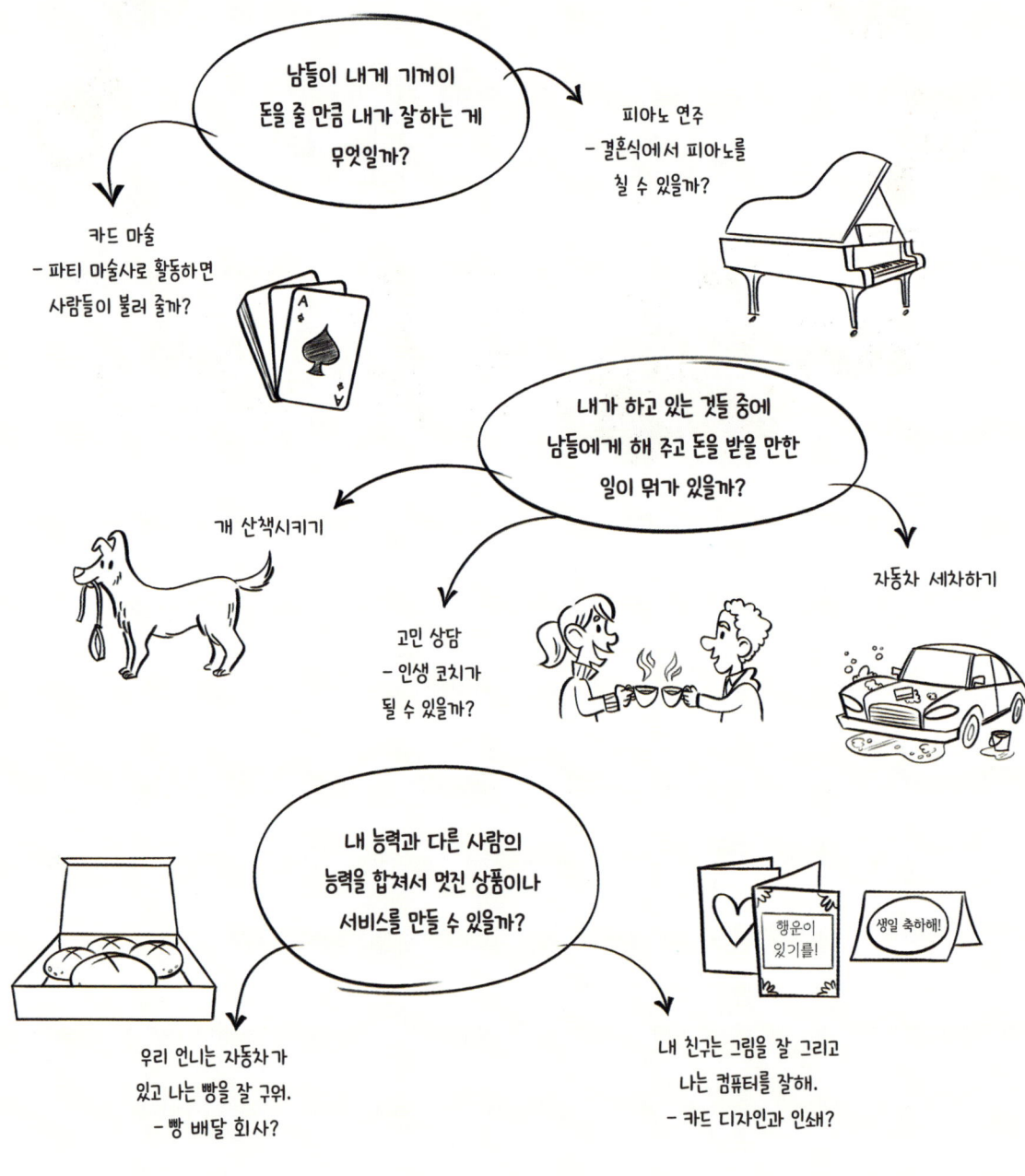

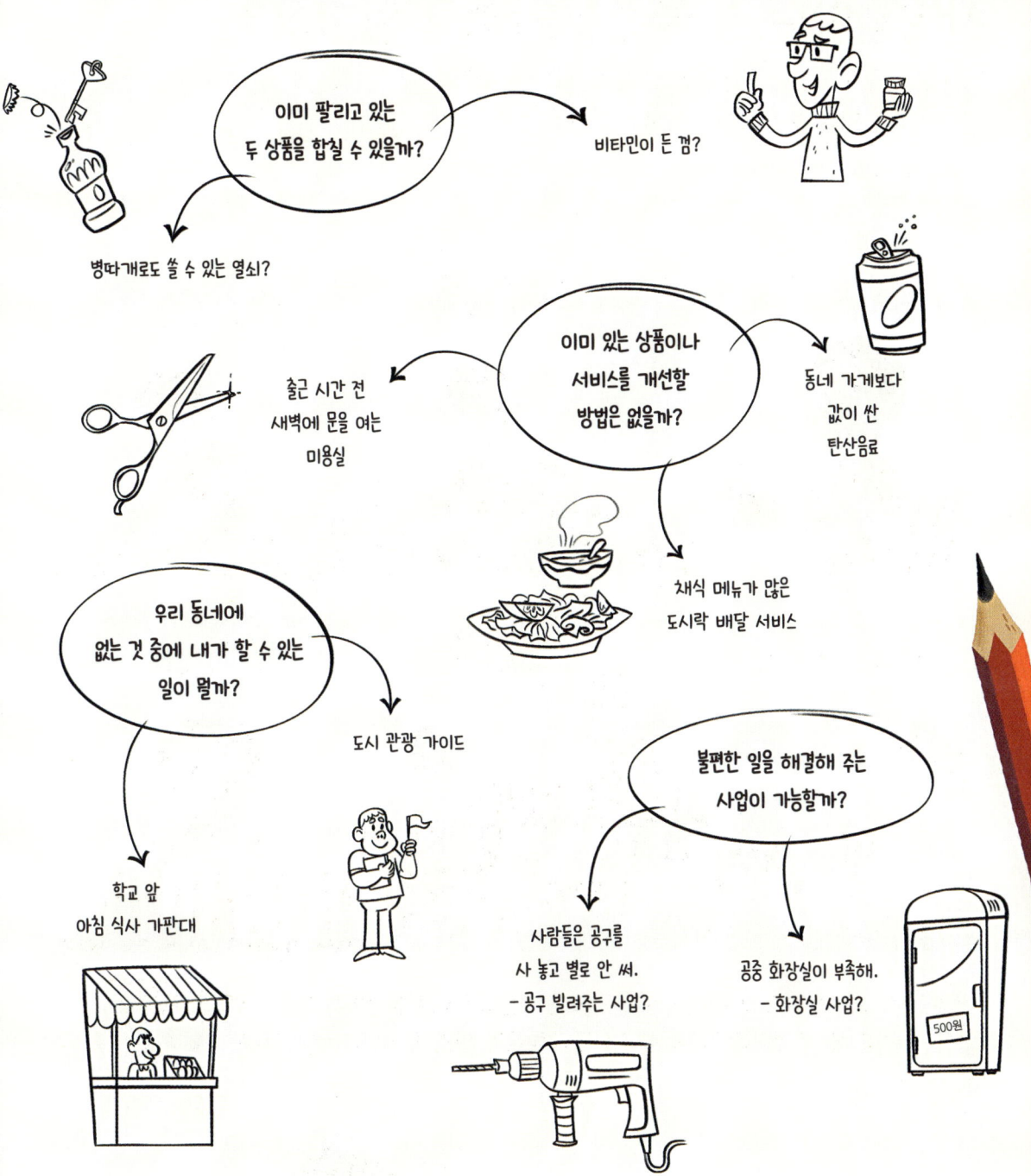

마인드맵을 다 작성하고 나면 꼼꼼히 살피면서 가장 마음에 드는 아이디어를 찾아보아요.
괜찮은 아이디어를 고른 다음에는 내가 팔려는 것을 사람들이 '실제로 살 것인지' 알아봐야 해요.
또 이미 있는 사업체와 **경쟁**을 하게 될지 알아보는 것도 중요하답니다.

사람들이 우리 물건을 사려고 할까요?

내가 보기에 괜찮고 사고 싶을 만한 물건이나 서비스라고 해도, 다른 많은 사람들이 정말로 그것을 돈을 내고 살 것인지 알아보는 것이 중요해요.

기업은 사람들이 원하지 않는 상품이나 서비스를 개발하는 데 돈을 허비하지 않기 위해서 **시장 조사**를 해요. 시장 조사는 기업이 고객으로 삼고 싶은 사람들의 집단, 즉 기업의 **시장**에 대해서 알아보는 일이에요.

기업은 공통점이 있는 사람들을 한데 묶는 방식으로 시장을 구분해요. 예를 들어, 어떤 재화나 서비스를 팔려고 할 때 특정 지역이나 특정 나이 대의 사람들, 또는 수입이 비슷하거나 취미가 같은 사람들을 목표로 삼는 거예요.

네이선의 시장은 자기 학교의 학생들이에요. 네이선은 학생들의 구매 의향을 알아보기 위해 시장 조사를 해요. 시장 조사를 하는 방법은 여러 가지예요.

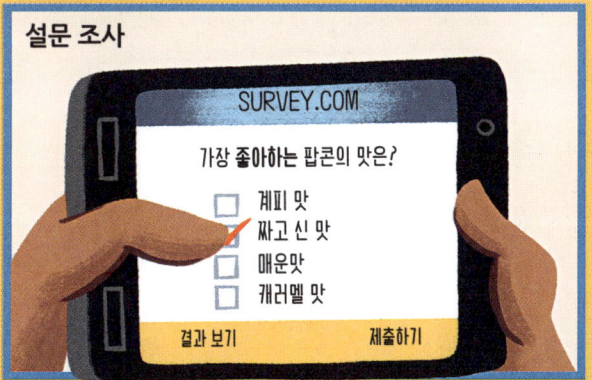

시장 조사는 하면 할수록 좋아요

시장 조사를 할 때, 더 많은 사람에게 물어볼수록 더 쓸모 있는 정보를 얻을 수 있어요. 시장 조사는 시간이 걸리는 일이지만, 시장 조사를 해야 사람들이 바라는 재화나 서비스를 개발할 수 있지요. 또한, 시장 조사를 통해 사람들에게 그 재화나 서비스를 사라고 설득하기가 더 쉬워져요.

최고가 되어라!

기업들은 고객을 잡기 위해 서로 **경쟁**을 해요. 사업하는 장소가 다르면 경쟁이 없을까요? 그렇지 않아요. 다음 예를 살펴보아요.

마사는 매주 토요일 자기가 살고 있는 도시의 장터에서 가판대를 차리고 티셔츠를 팔아요. 마사에게는 아래와 같은 경쟁자들이 있을 수 있어요.

경쟁에서 앞서기 위한 방법

기업이 경쟁에서 이기는 방법은 여러 가지가 있어요.

건전한 경쟁

기업의 경쟁은 고객에게 좋아요. 기업들이 더 좋은 상품을 더 싼 가격에 판매하기 때문이지요. 그래서 대부분의 나라에서는 기업이 서로 경쟁하는 것이 합법이에요. 기업들이 경쟁을 피하기 위해 서로 짜고 상품 가격을 정하는 일은 많은 나라에서 불법이지요.

경쟁에서 이기는 법

기업이 많은 고객을 얻으려면 '첫째'가 되어야 해요. 상품이나 서비스를 시장에 맨 처음으로 내놓는 기업이 되거나, 경쟁자들보다 더 좋은 것을 파는 것이죠. 아래의 흐름도를 살펴보아요.

우리가 판매하려고 하는 것을 이미 다른 기업이 팔고 있나요?

아니요 / **예**

시장 조사 결과, 고객이 우리의 신상품과 서비스를 원하거나 선호하나요?

예 / **아니요**

아무도 원하지 않는다면, 그게 경쟁자가 없는 이유예요! 새 아이디어를 고민해 봐야 해요.

흥미를 끄는 새로운 물건이나 서비스를 처음으로 내놓으면 확실히 유리한 자리를 차지할 수 있어요. 경쟁 기업이 뒤따라온다고 해도, 고객은 이미 알고 있는 기업이 있기 때문에 경쟁 기업으로 쉽게 옮겨 가지 않을 거예요.

기업은 자기 상품이나 서비스가 경쟁에서 돋보이게 만들어야 해요.

실제 사례

더 좋은 품질
구글은 최초의 인터넷 검색 엔진이 아니었어요. 1998년에 검색 엔진 시장은 다른 기업들이 지배했죠. 하지만 구글의 검색 품질이 더 뛰어나서 구글이 시장을 차지하게 되었어요.

실제 사례

새로운 기능
애플이 *아이팟*을 출시했을 때 시장에는 이미 MP3 플레이어 제품이 있었어요. 하지만 *아이팟*은 처음으로 소프트웨어(아이튠스)와 함께 판매되어 음악 관리와 전송을 더욱 쉽게 할 수 있게 해 주었어요.

실제 사례

맨 처음
*아마존*은 최초의 온라인 서점이었어요. 그 덕분에 초기 이용자들은 충성 고객이 되었지요. 하지만 *아마존*이 계속해서 경쟁자들보다 앞서려면 끊임없이 서비스를 발전시켜야 해요.

붐비는 시장의 틈새를 찾아라

경쟁자가 많다면 우리 상품이 주목받기 어려울 거예요. 그럴 때는 '시장의 틈새'를 찾아보는 것도 좋은 방법이에요. 여기에 **시장 지도**를 그리는 것이 도움이 돼요. 시장 지도란 이미 시장에 있는 상품들을 주요 특징에 따라서 정렬해 보는 도표를 말해요.

예를 들어, 손디야는 선글라스 사업을 하고 싶어서 시장의 틈새를 찾고 있어요. 손디야는 자기 도시에서 이미 팔고 있는 선글라스들을 시장 지도로 정리해 보았어요.

시장 지도는 어떤 상품으로든 그릴 수 있고, 어떤 특징으로든 비교할 수 있어요.
예를 들어, 간편하게 먹을 수 있는 시리얼바에 대한 시장 지도를 작성한다면 목표 고객의 나이를 한 축으로, 건강에 얼마나 좋은지를 다른 한 축으로 할 수 있을 거예요.

돈이 필요하다고요?

대부분 사업을 시작할 때는 얼마간 돈이 필요해요. 봉급을 주고, 장비를 사고, 장소를 빌리고, 광고를 하는 등의 일 때문이죠. 이러한 돈을 '**창업 자본**'이라고 해요.

> 기억력 훈련 앱으로 사업을 하려고 해. 앱을 만들려면 컴퓨터 코딩 작업자도 있어야겠지. 보수는 어떻게 주지?

저축
저축해 둔 돈으로 사업을 시작할 수도 있어요. 하지만 사업이 실패하면 그 돈은 되찾을 수 없어요.

창업 지원금 신청
지원금이란 도움이 필요한 기업에게 정부나 단체에서 주는 돈이에요. 정해진 기준에 따라 사업체에 지원금을 주지요. 새로 사업을 시작하는 **신생 창업 기업** 등을 위한 지원금도 있어요.

대출 신청
가족, 친구나 은행을 통해 돈을 빌릴 수 있어요. 하지만 갚을 때에는 빌린 돈보다 조금 더 많이 갚아야 해요. 본래의 돈에 보태어진 돈인 '**이자**' 때문이지요. (이자에 대한 자세한 내용은 116쪽을 보세요.)

크라우드펀딩
큰돈을 모으기 위해 아주 많은 사람에게 조금씩 돈을 내 달라고 부탁하는 거예요. 이 일은 대개 특별한 웹사이트를 통해서 해요. 돈을 낸 사람들은 그 대가로 작은 선물이나 보상을 받아요.

투자자 찾기
투자자란 회사의 일부를 갖는 대가로 돈을 내는 사람들이에요. 하지만 이 방법은 신중하게 선택해야 해요! 투자자들은 기업의 일에 참견을 하기도 하거든요. 뒷날 자신들의 몫을 팔아서 돈을 많이 벌기를 바라기 때문이지요.

창업 자본을 마련하는 팁

새로운 기업은 돈을 구하기가 어려울 때가 많아요. 기업이 실패해서 돈을 갚지 못할 위험이 있기 때문에 돈을 빌려주려는 사람이 많지 않은 것이지요. 돈을 구하려면 신중한 사업가로 인정받아야 하는데, 아래와 같은 일을 하는 게 도움이 될 거예요.

1. 친구나 가족에게 돈을 빌린다면, 나중에 서로 오해하지 않도록 관련 내용을 문서로 작성해 두세요.

차용 합의서

2. 돈이 얼마나 필요한지 생각해 보세요. 처음부터 돈을 너무 많이 쓰지 말고, 꼭 필요한 것만 마련하는 게 좋아요.

필요한 것
경호원
전화
고급 승용차
점심을 준비해 줄 요리사
사무용품

생각했던 것보다 돈이 더 많이 필요할 수도 있으니까, 그에 대한 대비도 해 두어야 해요.

3. 자신의 사업이 무엇이고 그 사업으로 어떻게 목표를 달성할지를 설명하는 '**사업 계획서**'를 작성해요. 재미없게 보일 수 있지만 중요한 일이에요. 사업 계획서는 사업에 대해 진지하게 고민했다는 것을 보여 주거든요. 따라서 다른 사람들에게 지원을 부탁할 때 필요하답니다.

"우리 밴드 이름은 로케츠야. 우리 밴드는 녹음 장비를 대여할 돈을 빌려야 해."

"우리는 사업 계획서를 만들었어. 록밴드하고는 안 어울리는 것 같지만, 이걸 보면 사람들이 도움을 줄 거야!"

사업 계획서

음악 스타가 되는 길

"책장을 넘기면 성공을 위한 우리 계획서를 볼 수 있어."

사업 계획서

사업 계획서를 쓸 때는 다음과 같은 질문에 답을 해야 해요.

소개

우리는 로케츠 밴드예요. 캐나다 몬트리올 출신의 사촌 자매들이죠. 우리는 모든 노래를 스스로 작곡하고, 벌써 팬도 조금 있답니다.

로케츠 밴드

> 여러분의 사업을 설명해 보세요. 무엇이 특별한가요?

사업 목표

올 여름에 콘서트를 네 번 열고, 유튜브 채널 신규 구독자를 매달 50명씩 늘리고, 음반을 녹음할 거예요.
콘서트 입장권과 음반을 팔아서 돈을 벌 수 있어요.

> 구체적인 목표를 설정하면, 어느 정도 달성했는지 측정하기가 쉬워요.

경쟁자

우리의 경쟁자는 XYZ나 매시업 같은 지역 밴드예요. 그 밴드들은 콘서트 입장권을 5,000원에 팔아요. 하지만 우리는 그 밴드들보다 인기가 많아요. 유튜브 구독자 수도 더 많지요.

> 여러분과 같은 종류의 상품을 파는 사람들은 누구인가요? 그 사람들의 상품은 얼마인가요? 여러분의 상품은 그보다 무엇이 더 나은가요?

> 시장 지도를 그려서 비교해 볼 수 있어요.
> (시장 지도는 21쪽을 보세요.)

사업 계획서가 준비되면

우선 누군가에게 계획서를 보여 주고 잘못된 것이나 빠진 것이 있는지 물어보세요. 그런 뒤, 여러 사람들에게 나누어 줄 계획서를 복사해요.
사람들에게 계획서를 보여 주며 창업 자본의 지원 또는 조언을 부탁할 수 있어요.

너희의 인기를 보여 줄 수치를 넣는 게 좋을 것 같은데. 유튜브 구독자가 모두 몇 명이야?

지금은 300명이야.

고객

우리의 팬은 고등학생과 그 부모들이에요. 팬들은 우리가 재미있고 독창적인 데다 사촌 자매들이라는 점을 좋아해요. 이런 사실은 훌륭한 이야깃감이 되지요! 팬들은 입소문과 학교의 포스터, 유튜브 채널을 통해서 우리를 알게 돼요.

> 여러분의 고객은 누구이며, 고객이 여러분의 상품을 좋아하는 이유는 무엇인가요? 고객들에게 어떻게 여러분의 상품을 알릴 수 있을까요?

필요한 것

우리는 전문적인 녹음 장비를 빌리고 콘서트를 하러 다닐 돈이 필요해요. 다음 단계로 나아가기 위해서는 20만 원 정도가 있어야 해요.

> 이 사업을 시작하기 위해 연습, 장비, 물품, 장소가 필요한가요? 그 비용은 얼마인가요?

돈 벌기

우리는 콘서트 입장권을 5,000원에 팔 거예요. 넉 달 정도 지나면 20만 원을 갚을 수 있겠죠. 그런 뒤에는 밴드 활동으로 매달 10만 원 정도 벌 수 있으면 좋겠어요.

> 상품을 얼마에 팔 건가요? 돈은 얼마나 벌 거라고 예상하나요? (자세한 내용은 34쪽과 54쪽을 보세요.)

사업 계획서를 보니까 너희가 돈을 벌어서 갚을 수 있을 것 같구나. 20만 원을 빌려주마.
고마워요, 아빠!

계획이 훌륭한걸. 학교 음악실에서 연습할 수 있게 해 줄게.
만세!

사업 등록과 허가

사업을 하려면 사업을 하려는 나라나 지방에 사업에 대한 어떤 규칙이 있는지 알아야 해요. 정부에 등록을 해야만 시작할 수 있는 사업이 있어요. 어떤 사업은 물건을 팔 장소에 대해 미리 허가를 받아야 하지요.

허가 받기

어디에서 물건을 팔 생각인가요? 누구에게 허락을 받아야 할지 생각해 보세요.

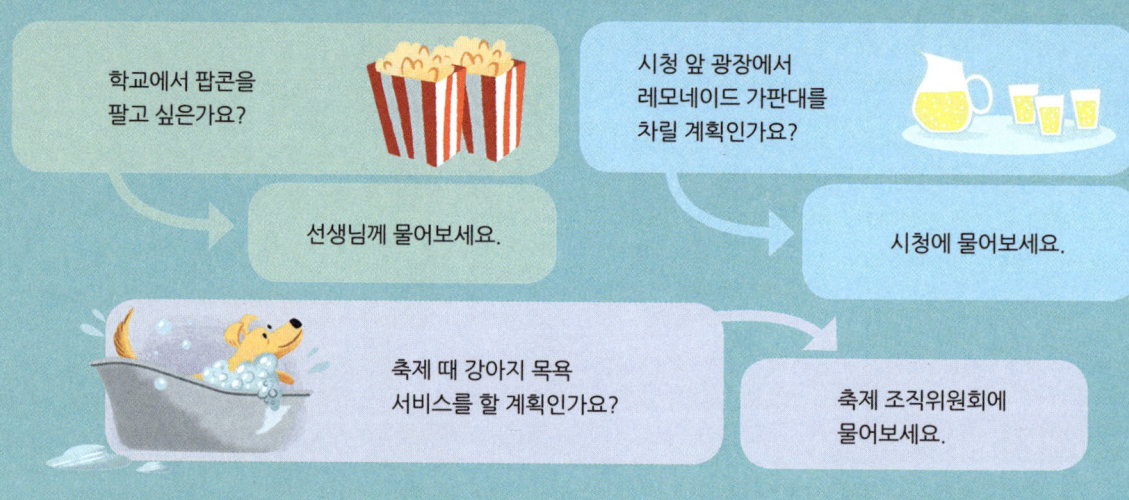

학교에서 팝콘을 팔고 싶은가요? → 선생님께 물어보세요.

시청 앞 광장에서 레모네이드 가판대를 차릴 계획인가요? → 시청에 물어보세요.

축제 때 강아지 목욕 서비스를 할 계획인가요? → 축제 조직위원회에 물어보세요.

등록하기

대부분의 사업체는 정부에 등록을 해야 한답니다. 등록할 때는 **사업의 종류** 또는 **사업 형태**를 선택해야 하죠. 가장 단순한 형태가 **개인 사업자**예요.

개인 사업자
- 한 사람의 책임자
- 최소한의 서류 작업
- 18세 이하 청소년이 할 수 있는 사업은 대개 이 형태뿐이에요.
- 사장은 이익을 전부 가질 수 있어요. (세금은 빼고 말이죠. 아래를 보세요.)

기업이 정부에 내는 돈을 '**세금**'이라고 해요. 사업을 시작한 초기에 매출(상품 판매)이 별로 없을 때에는 세금을 내지 않을 수 있게 정부에서 면제해 주기도 해요. 하지만 이에 대한 규칙은 나라마다 다를 수 있어요. (세금에 대해 더 자세한 내용은 58쪽을 보세요.)

책임지기

대부분의 기업은 개인 사업자예요. 그중에는 성공하는 기업도 많아요. 개인 사업자는 대표자로 등록된 사람이 모든 책임을 지는 형태예요. 개인 사업자의 한 가지 단점은, 손해를 보게 되었을 때 손해 본 돈 역시 한 사람이 모두 다 **책임**을 져야 한다는 거예요. 이것을 '**무한 책임**'이라고 해요.

나는 개인 사업자인데 내 건설 사업이 망했어!

사업하느라 빌린 돈을 갚기 위해서 집과 자동차를 팔아야 해.

이런 위험을 막을 수 있는 기업 형태들도 있어요. 가장 흔한 형태가 **유한 회사**(유한 책임 회사)예요. 유한 회사에서는 기업을 소유한 사람들이 자기 몫에 대해서만 책임을 질 뿐, 손해 보는 돈을 전부 다 책임지지는 않아요.

우리 사업이 실패한 건 안타깝지만, 우리가 유한 회사인 건 불행 중 다행이야.

회사 재산은 팔아야 하지만, 개인 재산은 무사하니까!

대부분의 나라에서 유한 회사의 소유권은 '**주식**'으로 여럿이 나누어 가져요. 주식을 가진 사람은 '**주주**'라고 해요. 기업의 이익은 주주들이 나누어 갖는답니다. (자세한 내용은 102쪽을 보세요.)

여러 가지 사업 형태

합명 회사: 개인 사업자와 비슷한 형태로, 사업 결정에 동업자들이 함께 책임지고 이익도 같이 나누어요.

협동조합: 조합원들이 소유하고 운영하는 회사예요. 회사에서 일하는 모든 종업원이 조합원이 될 수 있어요. 이익도 조합원들이 나누어 가져요.

프랜차이즈: 이미 사업을 하고 있는 기업에 돈을 주고 그 아이디어를 사용하는 형태예요. 이미 시장에서 성공한 아이디어인 경우가 많아서 실패할 위험이 적어요.

비영리 단체: 버는 돈을 모두 사람들을 돕는 데 사용해요. 비영리 단체는 주로 자선 단체나 학교가 많아요.

정직한 기업

기업도 사람과 마찬가지로 정직하고 공정하게 행동해야 하고, 사람과 환경을 존중해야 해요. 이러한 경영 방식을 '**윤리 경영**'이라고 해요. 윤리 경영을 하기 위해서 사업가가 생각해야 할 여러 가지가 있어요.

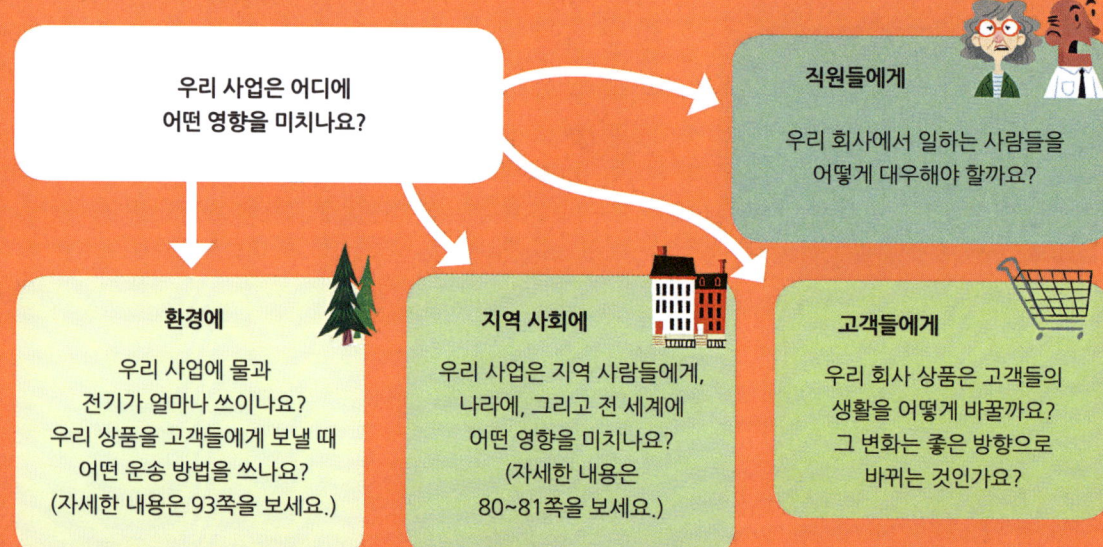

합법이라면 다 괜찮은가요?

기업들의 활동이 옳은지 그른지는 그 나라의 법에 비추어 판단할 수 있어요. 그러나 어떤 사업은 법에 어긋나지는 않지만, 사람들에게 비윤리적이라는 말을 듣기도 해요. 예를 들어 담배를 파는 일 같은 것이 그렇죠. 여러분은 어떻게 생각하나요?

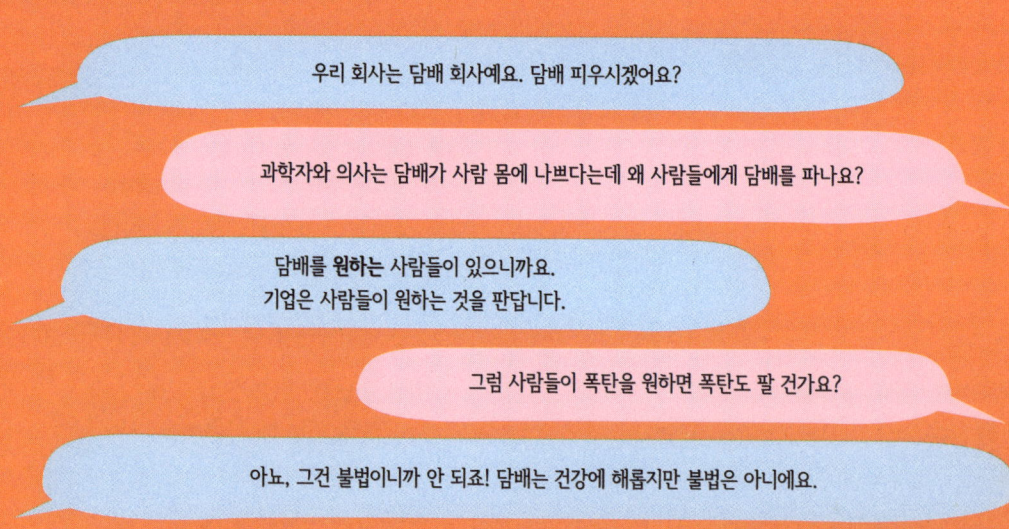

올바른 행동

법을 지키는 일이 쉽지 않을 때도 있어요. 법에 모든 상황이 다 들어 있지는 않기 때문이죠. 게다가 합법과 불법 사이의 경계가 분명하지 않을 때도 많아요. 때로는 법 자체에 비추어 보기보다 어떤 것이 올바른 행동인지 생각해 보는 게 기업의 활동을 판단하는 데 더 도움이 되기도 해요.

윤리 경영은 기업이 사업에서 추구하는 가치뿐만 아니라, 그 기업에서 일하는 사람들의 행동과도 관련이 있어요. 아래 관리자의 언행을 살펴보세요. 과연 올바른가요?

윤리 경영이 좋은 기업을 만들어요

관리자들이 올바르게 행동하면 직원들에게 좋은 영향을 주게 돼요. 일하는 사람이 마음 편하고 즐거우면 일을 더 잘하게 되고, 그러면 기업은 더 많은 돈을 벌어들일 수 있지요. 그러므로 윤리 경영은 바람직하고 필요한 경영 방식이에요.

제2장
물건을 파는 법

    좋은 사업 아이디어를 생각해 냈다면 이제 그 상품을 어떻게 팔지 생각해 보아요! 고객들에게 상품을 사라고 설득하는 일을 '**마케팅**'이라고 해요. 마케팅을 훌륭하게 해내면 고객이 우리 기업의 상품을 좋아하게 되고, 경쟁 기업의 상품 대신 우리 기업의 상품을 구매할 거예요.

    마케팅을 할 때 기업의 특징을 잘 나타내 주는 **브랜드**(상표)가 있으면 좋아요. 고객들은 브랜드를 통해서 특정 기업과 상품을 친근하게 느낄 수 있거든요. 그 밖에 상품의 **가격**, 상품을 판매하는 **장소**, 상품의 **프로모션** 방법을 결정하는 것도 마케팅에 중요하답니다.

고객은 어디에서 물건을 살까요?

고객이 접근하기 편리한 장소에서 상품을 판매하면 그 상품을 고객이 구매할 가능성이 커져요. 기업이 상품을 팔 **장소**를 결정할 때, 고객이 어디를 다니고 물건을 어떤 방법으로 사는지 고려해야 해요.

도시락을 파는 런치/팍스라는 기업이 있다고 상상해 보세요. 도시락을 살 가능성이 많은 **잠재 고객**은 회사에 도시락을 가져가는 사무직 노동자일 가능성이 높아요. 보통 이런 사람들에게 런치/팍스를 팔 수 있는 경우와 장소는 다음과 같아요.

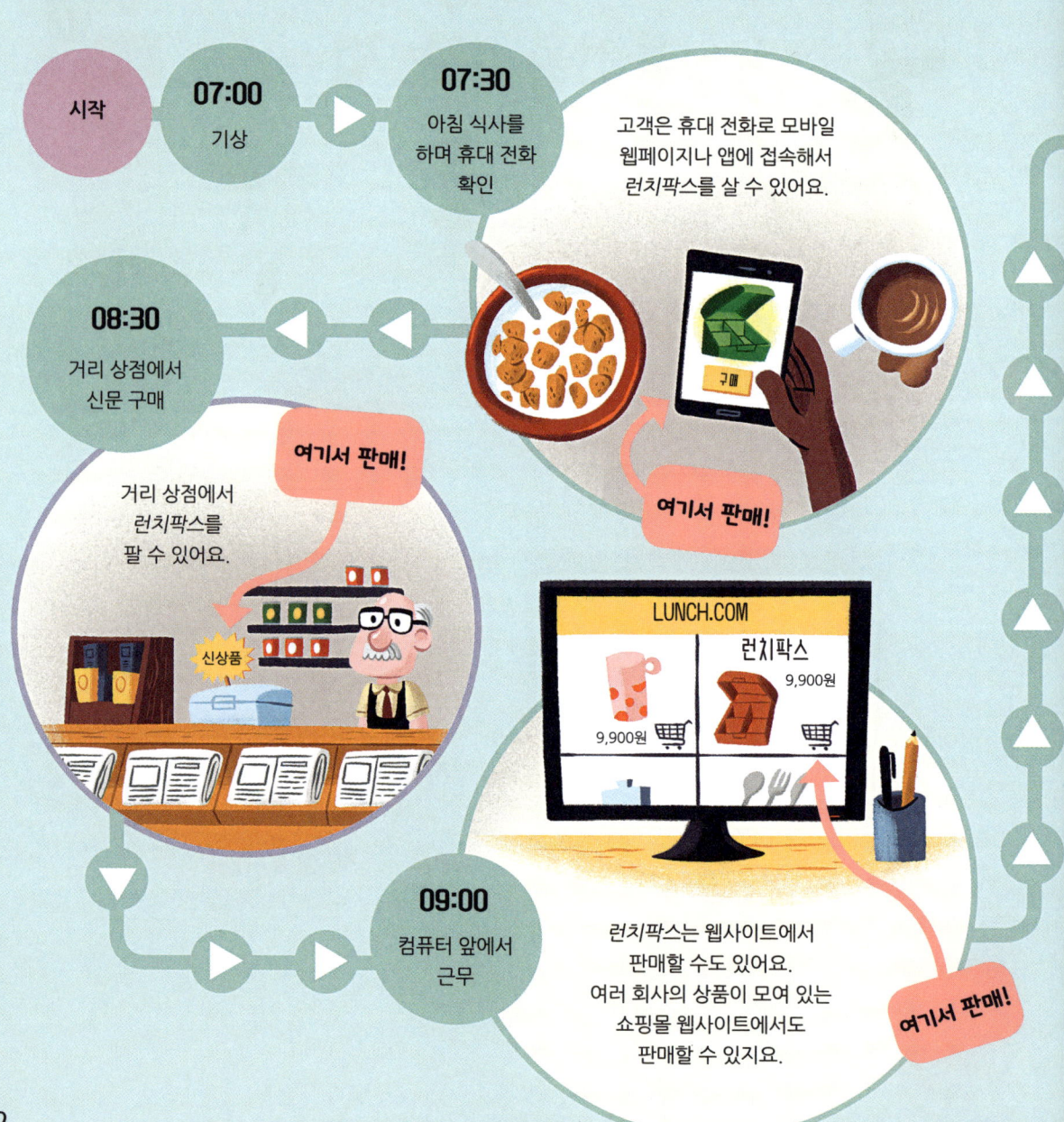

가치와 가격

기업의 상품이나 서비스가 **가치**가 있다면 고객이 기꺼이 살 거예요. 그러나 상품 가격이 가치에 비해 너무 높으면 고객은 구매를 미루게 돼요. 반대로 가격이 너무 낮으면 기업은 상품을 팔고도 돈을 벌 수 없어요(심지어 손해를 볼 수도 있어요).

가격 = 비용 + 마진

16쪽에서 팝콘을 팔려고 했던 네이선을 기억하나요? 네이선의 계산에 따르면 팝콘 한 통을 만드는 데 드는 비용은 220원이에요. 네이선은 이 비용에 **마진**을 더해 팝콘의 **가격**을 매겨요.
마진이란 상품에 들인 비용을 빼고 얻게 되는 돈을 뜻해요.

가격을 590원으로 하면 네이선의 팝콘은 한 통에 370원의 마진이 붙은 셈이지요.
그러므로 네이선은 팝콘을 한 통 팔 때마다 370원을 벌게 될 거예요.

판매자들에게 팔기

어떤 기업은 상품을 **소비자**에게 직접 팔아요. 소비자는 그 상품을 사용할 사람을 말해요. 기업은 상품을 다른 업체에 팔기도 해요. 이 다른 업체는 가게일 수도 있고, 가게에 물건을 파는 또 다른 회사일 수도 있어요. 상품을 파는 곳이 많을수록 더 많은 소비자가 상품을 살 거예요.

마이크와 모한은 *키드 트래커*라는 전자 장치를 만들어서 팔아요. 키드 트래커는 부모가 놀이터에서 노는 아이들의 위치를 추적할 수 있게 해 주는 장치예요.

마이크와 모한은 *키드 트래커*를 전국에 있는 상점들에서도 팔 수 있도록 하기 위해 상품을 **도매상**으로 가져갔어요. 도매상은 개인이 아닌 다른 업체에 물건을 파는 기업을 말해요.

다음으로 도매상은 **소매상**에 상품을 팔아요. 소매상은 개인 소비자에게 상품을 파는 가게예요. 도매상은 자신의 마진을 남기고 소매상에 물건을 팔아요.

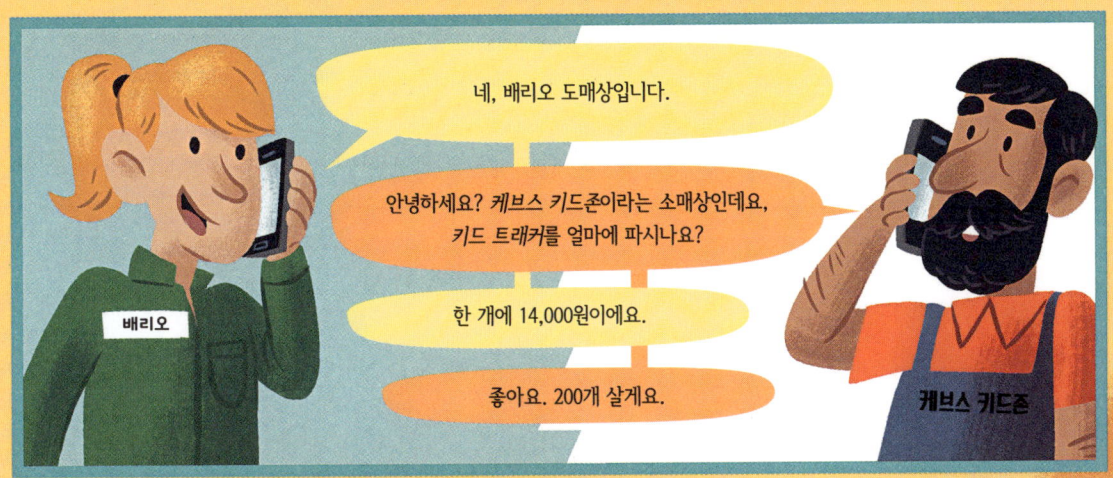

소매상이 소비자에게 물건을 팔 때 다시 한 번 마진이 붙어요. 그래서 케브스 키드존 소매상은 마이크와 모한이 애초에 계획한 바로 그 값에 키드 트래커를 팔아요.

가격 책정의 기술

상품에 가격을 매기는 일, 즉 **가격 책정**이 단지 숫자를 더하는 일이라고 생각할 수 있어요. 하지만 가격 책정도 마케팅에 중요한 일이에요. 가격을 조정해서 고객에게 상품을 사도록 유도할 수 있기 때문이지요. 기업들이 자주 사용하는 가격 책정의 방법은 다음과 같아요.

가격을 낮추어서 고객을 끌어요

어떤 기업은 처음에 상품을 내놓을 때 가격을 아주 낮게 정해요. 그러면 처음에는 이익을 내지 못하더라도 경쟁사의 고객을 빼앗아 올 수 있어요. 이것을 '**시장 침투 가격**'이라고 해요. 싼 가격으로 시장에 들어가는 일, 즉 시장 침투를 쉽게 한다는 뜻이에요.

멋지게 보여서 비싸게 팔아요

어떤 기업은 재화나 서비스에 아주 높은 가격을 매겨요. 그러면 사람들에게 아주 좋은 상품이라는 인상을 줄 수 있어요. 이것을 '**고가격 정책**'이라고 해요. 하지만 값비싼 물건이 실제로 품질이 좋은 경우도 있는 반면, 그렇지 않은 경우도 있어요.

여기서는 손해를 보고, 저기서는 이득을 봐요

싼 값을 내세워 고객을 끌어들이는 '**손실 유도 가격**'도 있어요. 예를 들어, 상점에서 파는 여러 상품 가운데 한 가지 상품의 가격을 아주 낮게 책정하는 거예요. 고객이 일단 상점에 들어오면 가격이 비싼 다른 물건도 사게 되므로, 여기서 상점은 결국 이익을 낼 수 있지요.

한 종류의 가격을 아주 높게 매겨요

여러 상품 중 한 종류만 가격이 유난히 높을 때가 있어요. 그러면 다른 것들이 저렴해 보이지요. 이런 것을 '**속임수 가격**'이라고 해요. 비싼 상품을 두어 고객들이 다른 상품을 쉽게 선택하도록 만들려는 거예요.

기업의 개성 만들기

기업에 특별한 개성이 있으면 고객을 끌기 쉬워요. 이러한 기업의 특성을 '**브랜드**'라고 해요. 브랜드를 나타내는 방법으로는 상품 이름이나 상표 디자인, 기업을 상징하는 색깔, 대표적인 구호 등이 있어요. 고객이 브랜드를 인식하면, 고객은 기업이나 상품을 친숙하게 느끼고 그 상품을 계속 사게 되지요.

여러분이 하고 싶은 기업을 사람으로 생각하면 어떤 개성이 있기를 원하는지 생각해 보세요. 아래 예를 살펴보면 도움이 될 거예요.

- 친근함
- 강인함
- 리더십 있음
- 젊음
- 흥미로움
- 침착함
- 부유함
- 생각이 깊음
- 세련됨
- 친절함
- 다정함
- 편안함
- 재미있음
- 활발함
- 진지함
- 유쾌함
- 가족적임
- 활동적임
- 유능함
- 소탈함
- 진실함

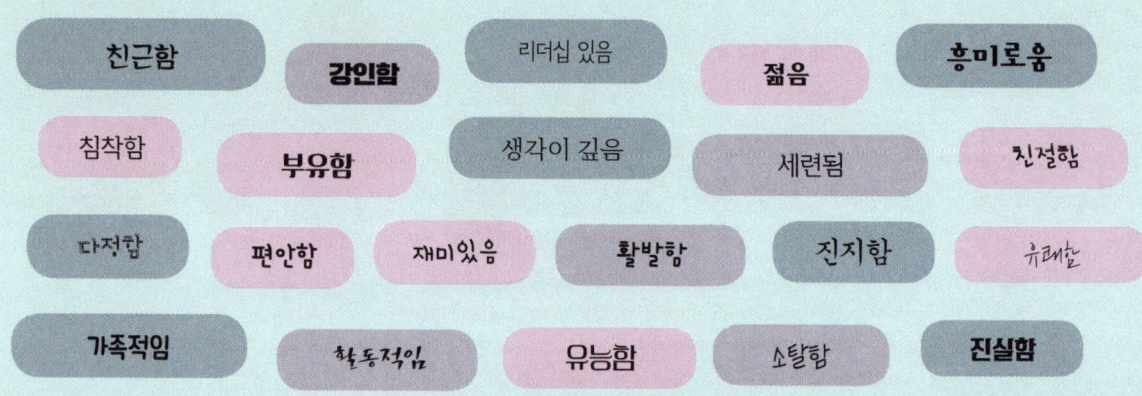

조가 편안하고 친근한 느낌의 카페를 만들려고 해요. 손님들에게 카페의 인상을 주기 위해 조가 브랜드를 나타낸 부분을 살펴보세요.

- 카페의 **이름**은 친근한 느낌이 들게 했어요.
- '**로고**'란 기업을 알리는 단순한 이미지 또는 이름을 독특한 모양으로 쓴 거예요. 조는 따끈한 커피를 로고로 삼았지요.
- **폰트**는 글씨의 모양이에요. 조는 장식이 별로 없는 폰트를 골랐어요.
- 가구, 조명, 장식은 편안하고 소박해요. 
- 카페에는 따뜻한 **색채**를 썼어요.
- 손님들에게 하는 말이나 문구는 다정하고 환영하는 **어조**로 표현했어요.

라일라는 새 사업의 브랜드를 정하기 위해 친구 드루와 의논을 했어요.

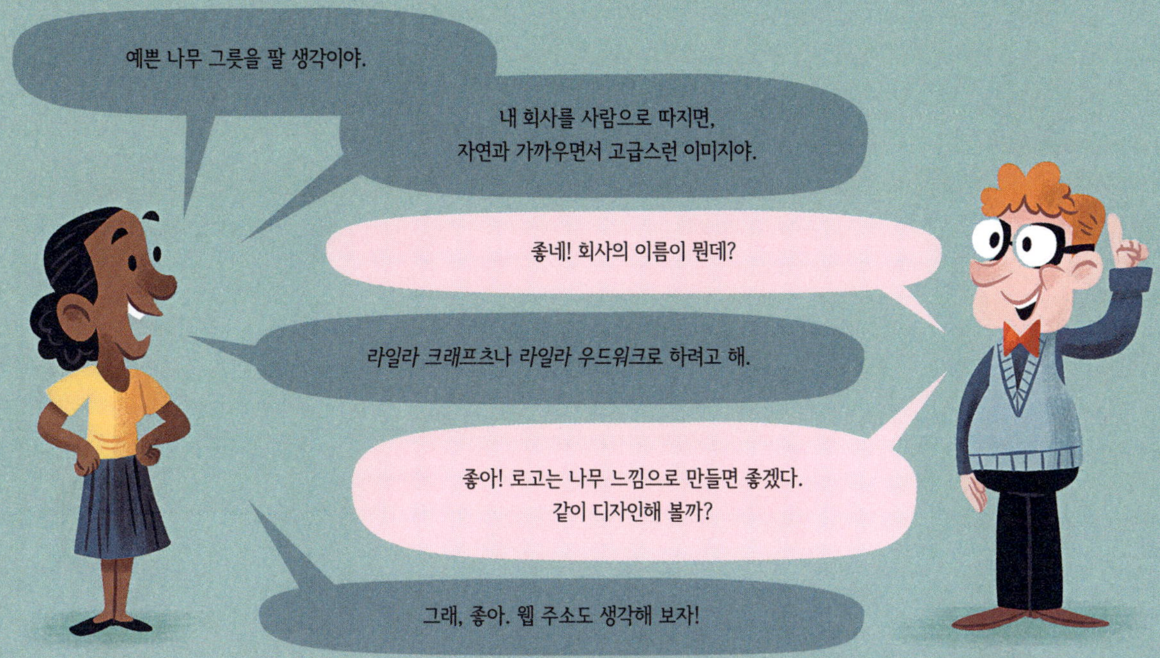

예쁜 나무 그릇을 팔 생각이야.

내 회사를 사람으로 따지면, 자연과 가까우면서 고급스런 이미지야.

좋네! 회사의 이름이 뭔데?

라일라 크래프츠나 라일라 우드워크로 하려고 해.

좋아! 로고는 나무 느낌으로 만들면 좋겠다. 같이 디자인해 볼까?

그래, 좋아. 웹 주소도 생각해 보자!

얼마 후……

둘 다 자연의 느낌을 주지만 위의 것이 더 고급스럽게 느껴져.

WWW.LILACRAFTS.COM

웹 주소는 이걸로 하려고 해.

저런, 그건 라일라 크래프츠가 아니라 라일락 래프츠로 읽히는걸. 나무 그릇이 아니라 라일락 색깔의 보트(래프츠)를 만드는 회사 같아.

네 말이 맞아! 이름을 라일라 우드워크로 해야겠다.

위의 예처럼 이름에서 오해가 생기지 않도록 조심해야 해요. 브랜드에 담으려는 의미가 누구에게나 잘 전달될지 꼼꼼히 따져 보세요.

판매에 도움이 되는 말

사업에서 성공하려면 상품을 사도록 고객을 설득하는 강력한 말이 필요해요.
이런 말을 '**마케팅 메시지**'라고 해요. 마케팅 메시지에는 사람들의 감정에 호소하는 말을 쓰는 경우가 많아요.

18쪽의 마사를 기억하나요? 마사는 티셔츠 사업을 하려고 하죠. 마사의 친구 엘리즈가 마사와 함께 마케팅 메시지를 작성하려고 해요.

- 네 USP(유에스피)가 뭐야, 마사?
- USP? 그게 뭐야?
- Unique Selling Point(유니크 셀링 포인트), 특별한 판매 장점이라는 뜻이야. 네 상품이 경쟁 상품과 어떤 점이 다른가 하는 거지.
- 아! 진작 그렇게 말하지. 음, 내 티셔츠는 디자인이 예쁘고, 모두 다 내가 직접 만든 거야.
- 그러면 그 점을 강조해 보자.

엘리즈는 몇 가지 마케팅 메시지를 작성하고 그 이유를 설명해 주었어요.

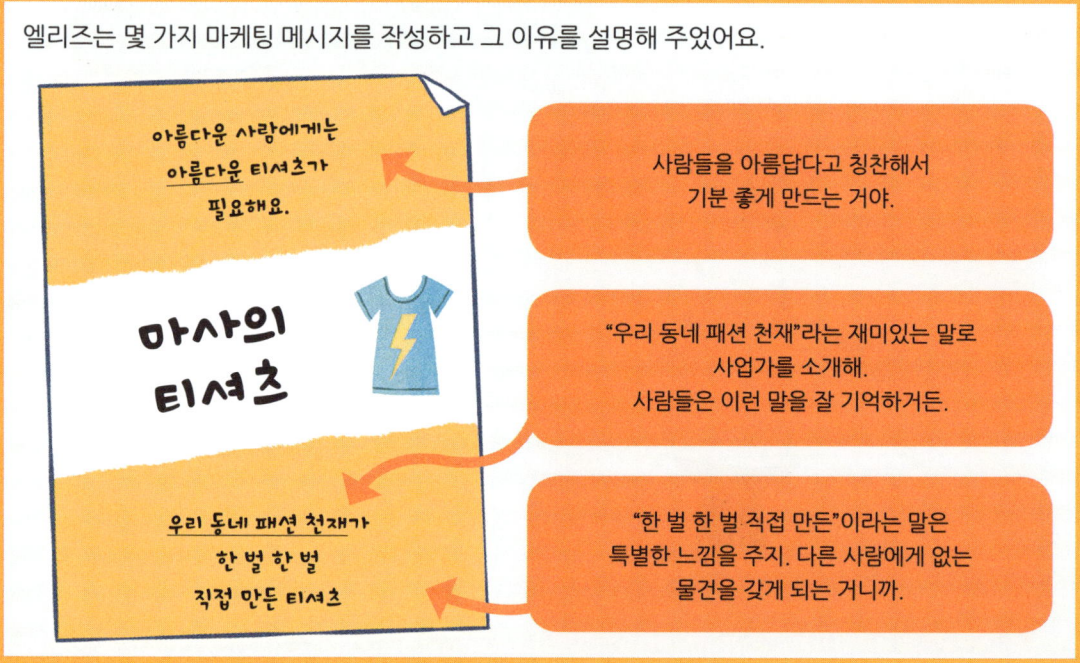

- 아름다운 사람에게는 아름다운 티셔츠가 필요해요. → 사람들을 아름답다고 칭찬해서 기분 좋게 만드는 거야.
- 마사의 티셔츠
- "우리 동네 패션 천재"라는 재미있는 말로 사업가를 소개해. 사람들은 이런 말을 잘 기억하거든.
- 우리 동네 패션 천재가 한 벌 한 벌 직접 만든 티셔츠 → "한 벌 한 벌 직접 만든"이라는 말은 특별한 느낌을 주지. 다른 사람에게 없는 물건을 갖게 되는 거니까.

기업은 어떻게 하면 잠재 고객들에게 상품을 사고 싶다는 감정을 불어넣을 수 있을지 고민해요. 두려움 같은 부정적인 감정이나 자부심 같은 긍정적인 감정을 끌어내 구매 욕구를 자극해요. 기업이 마케팅 메시지에 이용하는 감정들의 예를 살펴보아요.

말로 다 표현할 수 없어요

아무리 좋은 마케팅 메시지가 있어도 정작 물건이 좋지 않다면 팔기 어려워요. 그래서 많은 기업이 고객들이 원하는 상품을 개발하는 데 많은 시간을 들이지요. (시장 조사에 대해서는 16쪽을 보세요.) 만약 기업이 상품에 대해 거짓말을 하면 법에 어긋나요. 물건이 좋아 보이게 하려면, 실제로 좋은 물건을 만들면 돼요!

소문내기

마케팅 메시지는 잠재 고객들에게 전달되지 않으면 아무 소용이 없어요. 그래서 기업들은 여러 가지 방식으로 마케팅 메시지를 퍼뜨려요. 이것을 '**프로모션**'이라고 해요. 프로모션의 종류는 홍보, 광고, 판매 촉진 등이 있어요.

마사와 엘리즈가 자신들이 살고 있는 독스퍼드 곳곳에서 *마사 티셔츠*의 프로모션 활동을 해요. 어떤 방법으로 프로모션이 진행되는지 살펴보아요.

마사와 엘리즈는 패션쇼를 꾸렸어요. 지역 주민들이 *마사 티셔츠*를 입고 패션쇼를 하면 가족과 친구들이 보러 올 거예요. 이것은 **행사 프로모션**이에요.

마사의 패션쇼는 특히 흥미로웠어요. 야외의 공원에서 열렸기 때문이죠.

마사는 돈을 내고 버스 정류장에 상품을 알리는 포스터를 붙였어요. 이것은 **광고**의 일종이에요.

야외 패션쇼 덕분에 *마사 티셔츠*가 뉴스에 나왔어요. 사람들에게 기업의 소식을 퍼뜨리는 일은 **홍보** 또는 **PR(피아르)**예요.

오늘 우리 시에서 최초의 야외 패션쇼가 열렸어요. 주최자는 지역의 패션 인재인 마사로, *마사 티셔츠*라는 회사를 운영하고 있답니다.

이 사람은 **마사 티셔츠**를 알리는 소식지를 받았어요. 고객에게 직접 전화하거나 우편물을 보내는 이런 방법을 '**다이렉트 마케팅**'이라고 해요.

패션쇼를 할 때 느닷없이 고양이 한 마리가 나타나 무대를 걸어갔어요. 누군가 그 동영상을 인터넷에 올렸고 5천 명이 공유했어요. 마사는 무척 기뻤어요. 동영상에 마사의 포스터가 나오니까요. 이런 동영상 등이 인터넷에서 빠르게 퍼지는 것을 '**바이럴 마케팅**'이라고 부르기도 해요.

마사는 **온라인 광고**를 냈어요. 이 광고는 사람들이 인터넷에서 '티셔츠'와 마사의 도시 이름(독스퍼드)을 검색할 때만 나타나도록 미리 설정되었어요.

마사와 엘리즈는 판매를 더 늘리기 위해서 가격 할인 쿠폰을 나누어 주었어요. 값을 깎아 주면 사는 사람이 더 많아져요.

사람들이 대화를 나누다가 어떤 상품의 좋은 점에 대해 자연스럽게 말하는 것이 **입소문 마케팅**이에요.

독스퍼드에서 패션쇼를 봤는데 거기 티셔츠들이 정말 예쁘더라. 마사 티셔츠를 검색해 봐. 네 취향에 딱 맞을 거야.

맞춤식 메시지

기업은 모든 이에게 똑같은 마케팅 메시지를 보내지는 않아요. 기업이 고객 한 사람 한 사람에 대해 많이 알면 알수록 각 고객에게 꼭 맞는 마케팅 메시지를 전달할 수 있어요. 이를 위해 기업은 고객에 대한 아주 많은 정보를 모아야 해요. 이 정보를 '**데이터**'라고 해요.

이 사람은 애니예요. 애니는 지난주에 슈퍼마켓에서 장을 보고, 기타 튜닝 앱을 사용하고, SNS에 접속하고, 운동량을 알려 주는 스마트밴드를 착용했어요.

다음은 기업들이 애니에 대해서 모은 데이터예요.

애니의 나이는 18~25세 사이예요.

애니는 그래놀라 시리얼, 계란, 초콜릿 쿠키를 많이 먹어요.

애니는 어젯밤에 기타를 쳤고, 애슈빌에서 보내는 시간이 많아요.

애니는 스노보드에 관심이 많고 애프리콧 크리크에 살아요.

애니는 어제 13킬로미터를 뛰었고, 지난주에는 10킬로미터를 뛰었어요.

기업들은 애니에 대한 것들을 어떻게 알게 되었을까요?	기업들은 이렇게 얻은 데이터를 어떻게 활용할까요?

슈퍼마트는 애니의 나이를 알아요. 애니가 지난주에 슈퍼마트에서 보낸 설문 조사에 답을 했기 때문이에요.

슈퍼마트는 애니가 자주 사는 상품의 할인 쿠폰을 보낼 때 시리얼바 쿠폰도 보내요. 애니가 시리얼바를 산 적은 없지만요.

슈퍼마트의 회원 카드 데이터에 따르면, 그래놀라 시리얼을 먹는 18~25세의 사람들은 그 시리얼바를 많이 샀어요.

슈퍼마트는 애니가 무엇을 먹는지 알아요. 애니가 그 가게의 회원 카드를 갖고 있고, 장을 볼 때마다 그 카드를 사용하기 때문이죠.

기타 헤븐은 애니가 언제 어디서 기타를 치는지 알아요. 애니가 기타 헤븐의 튜닝 앱을 사용하고, 앱의 위치 알림 서비스를 활성화했거든요.

기타 헤븐은 애니에게 이메일을 보내 애슈빌에서 열리는 기타 전시회에 대해서 알려 주어요.

애니는 SNS에서 스노보드 관련 페이지에 '좋아요'를 눌렀고, 사는 지역을 애프리콧 크리크로 설정해 놓았어요.

애프리콧 크리크 인근의 스노마운틴 스키 리조트는 SNS로 애니에게 광고를 보여 줘요. 스노보드를 탈 만한 날씨가 될 때마다 일일 티켓 광고를 내보내죠.

액티브사는 애니가 언제 얼마나 달리는지 알아요. 애니가 휴대 전화 앱과 연결된 그 회사의 스마트밴드를 착용하고 있으니까요.

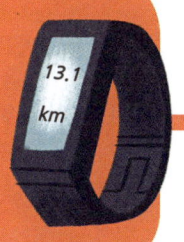

액티브사는 애니의 휴대 전화로 운동에 대한 조언을 보내요. 애니는 그 메시지가 마음에 들었고, 액티브사에 호감을 느끼게 되었어요. 애니는 아마도 액티브사의 물건을 더 살 거예요.

마케팅 참사

기업들 가운데는 거짓말을 섞거나 무책임한 방식으로 상품을 프로모션하는 곳도 있어요. 어떤 기업이 실제로 법을 어기지 않았다 해도 비윤리적인 마케팅 방법을 사용하면, 사람들에게 나쁜 인상을 주게 돼요. 잘못된 마케팅으로 최악의 결과를 낳은 몇 가지 실제 사례를 아래에서 살펴보세요.

허위 광고

미국 기업 *타르*는 인터넷에 허위 사실을 담은 주름 크림 광고를 했어요.

거짓된 내용을 광고하는 것은 불법이에요. 타르사는 600만 달러의 벌금을 물게 되었지요.

위험한 광고

아일랜드에서는 *오메가 파마*라는 건강 관리 회사에게 다이어트 약의 TV 광고를 중단하라는 명령이 내려졌어요.

광고에서 정상적이고 건강한 몸매의 여자가 뚱뚱해서 고민이라고 말했거든요. 이는 살을 뺄 필요가 없는 사람들에게 살을 빼야 한다는 잘못된 생각을 불어넣을 수 있어요.

원하지 않는 마케팅

동영상 강좌를 파는 캐나다 기업 *컴퓨파인더사*는 사람들의 허락 없이 수백 명에게 이메일을 발송했어요. 이런 메일을 '스팸'이라고 부르지요.

캐나다의 스팸방지법에 따라서 컴퓨파인더사는 20만 캐나다 달러의 벌금을 냈어요.

어린이를 향한 교묘한 광고

스웨덴의 유투버는 여러 인형들을 적극적으로 소개하는 영상을 올렸는데, 이는 광고 규칙을 위반한 동영상이었어요. 동영상에서 미국 인형 회사인 *GR 트레이딩 AS*의 광고라는 걸 밝히지 않았거든요.

어린이들은 일반 동영상과 광고를 잘 구별하지 못할 때가 많아요. 그래서 마케팅을 할 때는 마케팅이라는 사실을 분명히 밝혀야 해요.

거짓 가격 할인

호주의 *재멀스*라는 기업은 목걸이와 팔찌를 반값에 할인 판매한다고 프로모션을 했어요.

고객들은 크게 할인을 받는다고 생각했지만, 그 기업은 사실 그보다 비싼 값에 그 상품을 판 적이 없었어요. 이는 법을 위반한 것이어서 *재멀스*는 25만 호주 달러의 벌금을 내야 했지요.

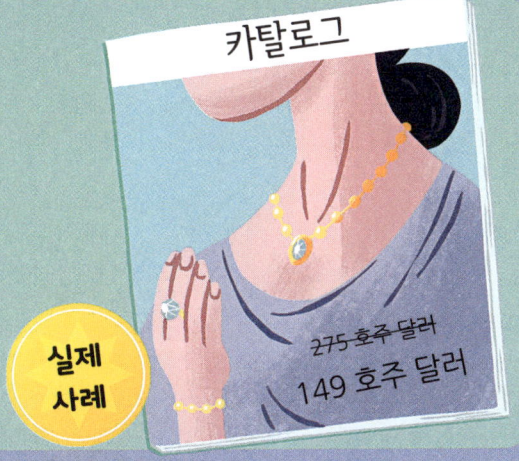

불쾌한 내용

미국의 매트리스 회사였던 *미러클 매트리스*는 2016년에 프로모션 비디오를 만들었어요. 그런데 그 비디오에서 3,000여 명이 희생된 2001년 뉴욕의 테러 사건을 농담거리로 삼았어요.

사람들은 비디오에 분노했고, 수천 명이 항의를 했어요. 결국 평판이 너무 심하게 나빠지자 *미러클 매트리스*는 문을 닫고 말았답니다.

기업은 어디서 사업을 하건, 자신들의 마케팅에 대해 다양한 집단의 사람들이 어떻게 느낄지를 생각해야 해요. 이를 가늠하기 어려울 때는 시장 조사를 하는 게 좋아요.

제3장
돈을 관리하는 법

　사업에서 들어오고 나가는 돈을 기록하는 일은 별로 재미있어 보이지 않지만 기업의 성공에 아주 중요한 일이에요. 이런 기록을 '**회계**'라고 해요. 회계는 기업이 돈을 얼마나 버는지, 정부에 세금은 얼마나 내야 하는지를 알게 해 주지요.

　기업 가운데 약 3분의 1이 창업 후 2년 안에 실패해요. 그 이유는 대개 사업 자금이 떨어져서예요. 기업이 회계를 잘 관리하면 자금에 대한 계획을 세울 수 있기 때문에 예기치 못한 일에 대비할 수 있어요. 사업이 성공할 확률 또한 높일 수 있지요. 다음 장을 펼쳐 회계를 관리하는 방법을 알아보아요.

들어오는 돈과 나가는 돈

상품을 팔아서 기업이 버는 돈을 '**수익**'(또는 매출)이라고 해요. 매출은 물건을 내다 파는 일을 뜻하는데, 그렇게 해서 번 돈을 가리키는 말로도 써요. 반대로 기업 운영을 위해 외부에 쓴 돈은 '**비용**'이라고 해요.

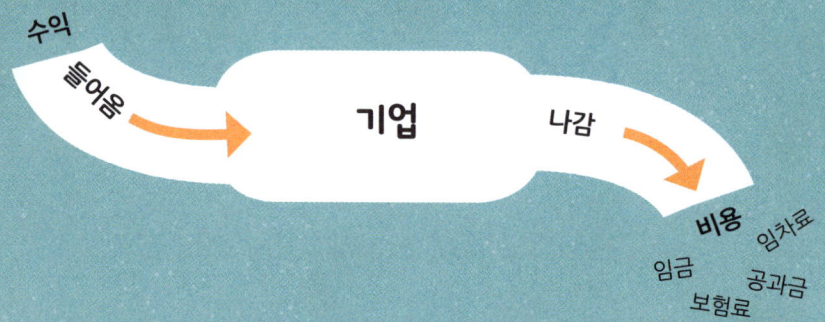

미나는 월간 잡지를 100부 만들어서 학교에서 팔려고 해요. 10월 호 잡지를 만드는 데 쓴 비용과 10월 호 잡지를 팔아서 벌어들인 수익은 다음과 같아요.

비용

잡지를 만드는 데는 4시간이 걸려. 나는 시간당 7,500원의 수고비를 나한테 줄 거야.

4×7,500원 = 30,000원

인쇄소에서 잡지를 인쇄하고 제본하는 데, 한 부당 220원이 들어.

아, 잡지를 파는 일을 도와줄 사람이 필요해.

100×220원 = 22,000원

우리가 도와줄게!

내 일을 도와주는 친구들에게도 뭔가 줘야지! 한 사람당 쿠키 한 상자씩을 사 줄 거야.

쿠키 750원
쿠키 750원

2×750원 = 1,500원

그러므로 잡지 100부를 만드는 전체 비용은 30,000 + 22,000 + 1,500원 = 53,500원이에요.

수익

기록하기

비용과 수익을 기록하는 가장 단순한 방법은 돈이 들어오고 나가는 대로 적는 거예요.

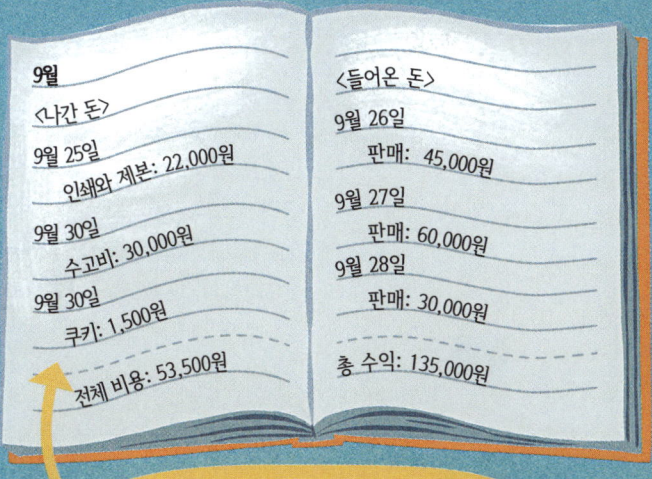

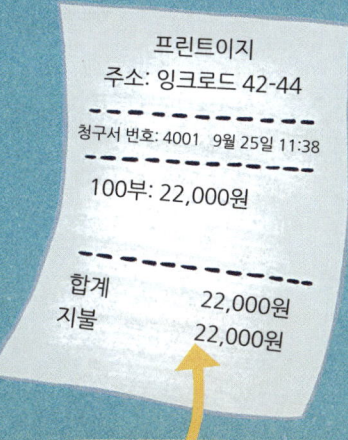

날짜와 간단한 설명을 써 두면 나중에 다시 볼 때 쉽게 기억을 떠올릴 수 있어요.

청구서와 영수증을 보관하면 들어오고 나간 돈을 살피는 데 도움이 되죠.

기록을 남기는 일, 즉 **회계**는 지루해 보이지만 기업이 돈을 얼마나 벌고 쓰는지 알 수 있는 유일한 방법이에요. 기업이 회계를 꼭 하도록 법으로 정해져 있어요. 그래야 세금을 얼마나 내야 할지 알 수 있기 때문이죠. (자세한 내용은 58쪽을 보세요.) 많은 기업이 회계를 잘하기 위해서 이를 전문으로 하는 **'회계사'**들에게 도움을 받아요.

이익

기업이 쓰는 돈보다 버는 돈이 많으면 '**이익**을 낸다'고 해요. 이익을 내는 건 모든 기업의 중요한 사업 목표예요. 이익을 구하는 방법은 아래와 같아요.

이익 = 수익(매출) - 비용

손실

때로는 기업이 상품을 팔아서 번 수익보다 쓴 비용이 더 많을 수도 있어요. 그러면 손실을 보게 되지요. 손실이 생기는 이유는 여러 가지예요. 물건이 잘 안 팔리거나 상품 가격이 너무 비싸거나 너무 싼 경우, 또는 그 상품을 살 만한 사람이 많지 않을 경우 손실이 생길 수 있어요.
손실의 예를 아래에서 살펴보아요.

12월: 미나의 잡지가 잘 팔리지 않았어요. 미나의 학교 친구들은 크리스마스 선물을 사느라 돈이 부족했거든요.

미나는 손실을 줄이기 위해 다음과 같은 일을 할 수 있어요.

사업 방식을 바꾸어요.

비용을 줄여요.

수익을 늘려요.

미리 계획 세우기

기업은 각종 공과금, 재료값, 노동자 임금 등으로 나가는 돈이 있어요. 이런 비용은 수익이 생기기 전에 지불해야 하는 경우가 많지요. 때문에 기업은 기업의 은행 계좌에 들어오고 나가는 돈의 움직임, 즉 **현금 흐름**을 잘 살펴야 해요.

프랑스의 에너지 회사 선캐처는 새 태양광 농장을 건설해서 판매할 계획이에요. 이 회사는 회계를 유로로 관리해요. 유로는 유럽의 많은 나라에서 사용하는 화폐예요.

 10월 말이면 우리 회사는 현금이 다 떨어질 거예요. 그러면 11월에 쓸 돈이 없어요.

 지금 하는 일은 12월에 끝날 거야. 그때까지 고객은 돈을 안 주겠지. 내년이나 돼야 돈을 받을 수 있을 텐데.

60만 유로 받을 돈

10월   11월   12월   1월

 **10만 유로** 월간 비용

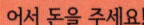 어서 돈을 주세요!

따라서 이 기업은 내년 1월에 돈을 받기 전에 돈이 모자라는 일이 없도록 미리 준비를 해야 해요. 다음과 같은 아이디어로 현금 흐름 문제를 해결할 수 있어요.

고객에게 마지막에 한꺼번에 돈을 주는 대신 매달 돈을 나눠서 달라고 할 수도 있어요.

또는 재료 공급 업체에 지불 날짜를 좀 늦춰 달라고 부탁해 볼 수도 있겠지.

아니면 돈을 받을 때까지 은행에서 대출을 받을 수도 있고요.

아니면 적은 돈이 규칙적으로 들어오는 좀 작은 일을 동시에 여러 개 할 수도 있고.

아니면 우리가 가진 장비나 건물 같은 재산을 팔 수도 있겠지요.

세금

기업은 버는 돈을 전부 다 가질 수는 없어요. 번 돈의 일부는 사회에 돌려주어야 하지요. 이 돈을 정부에서 받아 관리하는데, 이 돈을 '**세금**'이라고 해요. 세금은 개인과 기업 모두가 내요. 정부는 세금의 일부로 나라를 위해 도로나 학교 같은 **공공 서비스**를 제공해요.

학교 도서관 도로 병원

2. 개인이 내는 세금

사는 물건에 대해
상품 가격에는 대부분 **부가가치세** 또는 **판매세**가 포함되어 있어요.

버는 돈에 대해
거의 모든 나라에서 일정 금액 이상 돈을 버는 사람은 **소득세**를 내야 해요.

가진 재산에 대해
대부분의 나라에서 사람들은 가진 재산이나 주식, 그리고 물려받는 유산에 대해 **재산세**를 내요.

재판

정부는 세금을 써서 기업과 개인에게 도움이 되는 공공 서비스를 제공해요. 대부분의 사람들은 사회가 잘 돌아가려면 세금이 필요하다고 생각해요.

쓰레기 처리

4. 공공 서비스
모두에게 혜택을 주는 서비스예요.
공공 서비스의 몇 가지 예를 살펴보아요.

투명한 회계

모든 기업은 기업 활동에 대해 회계를 정직하게 작성하도록 법으로 정해져 있어요. 투명한 회계는 기업뿐만 아니라 투자자와 정부에게도 중요한 일이에요.

세금을 덜 내려고 애써도 괜찮은 건가요?

기업들은 흔히 돈을 아끼기 위해 가능한 한 세금을 덜 내려고 해요. 정부는 어떤 기업에게 세금을 적게 낼 수 있게 도와주기도 해요. 예를 들어, 생긴 지 얼마 안 되는 신생 창업 기업은 세금을 낮춰 주지요. 하지만 종종 큰 기업들은 법률의 '허점'을 찾아내서 세금을 피하기도 해요. 이는 불법은 아니지만 눈속임이기 때문에 하면 안 된다고 비판하는 사람들이 있어요. 여러분은 어떻게 생각하나요?

스피크 모바일은 대부분의 사업을 인도에서 하는데, 회사 등록은 카리브해에 있는 케이맨 제도라는 곳에 했어요. 그곳 정부는 세금을 적게 걷기 때문이죠. 이렇게 하는 게 불법은 아니에요. 그러나 인도 정부는 받아야 할 세금 수십억 원을 손해 보는 셈이에요.

나는 스피크 모바일 회사를 운영해요.

나는 스피크 모바일 고객이에요.

좋아 보이진 않겠지만 세금을 적게 내니까 괜찮아요.

보기 안 좋은 정도가 아니라 역겨운 일이에요! 나는 세금을 내는데 당신들은 왜 세금을 안 내나요?

세금을 절약한 돈을 가지고 더욱 품질 좋고 값싼 상품을 만들기 위해 노력해요. 그건 고객들한테 좋은 일이죠. 나만 잘 먹고 잘살려고 그러는 게 아니에요.

그래요, 하지만 당신들이 세금을 냈다면 정부에서 그 돈으로 우리 집 앞 도로를 고쳐 줄 수 있었다고요.

우리가 인도에 세금을 낸다면 상품 값이 올라갈 거예요. 그러면 많은 사람이 휴대 전화를 못 살 거예요. 부자들만 우리 상품을 쓰게 할 수는 없잖아요.

걱정 말아요. 이제 당신네 물건을 안 살 테니까. 나는 사업을 공정하게 하는 회사에 돈을 쓰겠어요.

하지만 시장에 이보다 더 싼 휴대 전화는 없어……

사업이 실패하는 이유

사업을 할 때 가장 조심해야 할 일이 있어요. 돈이 떨어지지 않도록 하는 거예요. 많은 기업이 돈이 없어서 실패를 해요. 특히 처음 2년 동안이 가장 위험하답니다. 미국의 발명가인 토머스 에디슨은 성공한 사업가인데도 많은 실패를 경험했어요. 에디슨의 사연을 들어 볼까요?

발 빠른 경쟁자들

1875년에 나는 배터리가 들어 있는 펜을 만들었어. 그걸 쓰면 서류를 복사하기가 편했지. 내 펜은 인기를 끌었지만 오래가지 않았어.

더 끝내주는 복사 펜

복사가 되는 특수 잉크

에디슨의 펜과 똑같지만, 지저분한 배터리는 필요 없어요.

다른 사람들이 재빨리 내 아이디어를 베끼고 기능도 개선했어. 이제 아무도 내 펜을 사고 싶어 하지 않아.

좋은 아이디어, 허술한 제작

1881년에 만든 말하는 인형은 잘 팔릴 줄 알았지만, 몇 주 만에 시장에서 외면 당했어.

목소리가 짜증 나서 못 듣겠어.

세계적인 사건

1904년에 나는 독일에 내 발명품을 파는 가게를 열었어. 그런데 독일에 전쟁이 나서 손님이 끊겼고, 결국 문을 닫았지.

독일에 있는 에디슨의 가게

많은 사업가가 실패를 경험해요. 그러나 사람들은 실패를 통해서 배우고, 다시 도전해서 더 좋은 사업을 성공시켜요. 때로는 실패가 기회가 될 수 있어요.

예전에 해저 전신망을 설치하려다가 실패한 일이 있었어. 그런데 그때 알게 된 기술이 전화기 성능을 개선하는 데 도움이 되었지. 그래서 아주 잘 팔리는 전화기를 만들었어.

사업이 실패한 뒤

돈이 떨어져서 사업을 하느라 진 빚을 갚지 못하면 사업은 실패하게 돼요. 많은 회사가 실패를 겪어요. 하지만 사업의 실패 뒤에도 일어나는 일들이 있어요. 아래에서 예를 살펴보아요.

실제 사례

긴급 속보
러시아 항공사 트랜스에어로가 매출 감소로 경영이 악화되면서 4조 원의 빚을 갚지 못하게 되었답니다.
2015년 11월

도와주세요!

트랜스에어로 경영주들은 먼저 돈을 빌려준 **채권자**들에게 부탁을 했어요. 빚을 갚을 날짜를 미뤄 달라고 했지요. 그러나 채권자들은 이러한 요청을 거절했어요.

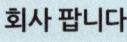
회사 팝니다

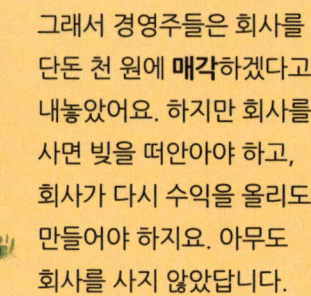

그래서 경영주들은 회사를 단돈 천 원에 **매각**하겠다고 내놓았어요. 하지만 회사를 사면 빚을 떠안아야 하고, 회사가 다시 수익을 올리도록 만들어야 하지요. 아무도 회사를 사지 않았답니다.

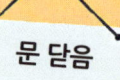
문 닫음

결국 트랜스에어로는 문을 닫고, 최대한 빚을 많이 갚기 위해 가진 재산을 팔았어요. 이런 일을 '**청산**'이라고 해요. (개인 사업자의 경우 '**파산**'이라고 말해요.)

인생이란 그런 거지!

실패가 나쁘기만 한 것은 아니에요

빚을 지지 않고 문을 닫는 기업도 많아요. 서류 작성만으로 기업의 문을 닫고, 경영주들이 남은 비용과 세금을 내기도 하지요.

누가 손해를 볼까요?

트랜스에어로가 문을 닫자, 많은 사람이 손해를 보았어요. 생계 수단을 잃은 사람도 많았지요. 회사의 돈과 관련된 일(재무)을 모두 정리하는 데는 아주 오랜 시간이 걸렸고, 대부분의 사람이 돈을 다 받지 못했답니다.

제4장
기업 안팎의 사람들

    기업을 경영하는 과정에는 여러 **사람**이 필요해요. 뛰어난 **경영자**와 성실한 **종업원**이 함께 기업을 좋은 방향으로 변화시킬 수 있어요. 사업을 하려면 다양한 기능과 경험이 필요하기 때문에, **관리자**들은 이 부분을 고려해서 인력을 고루 채용해요.

    기업은 **고객**의 영향도 받아요. 고객이 어떤 상품을 살지 결정하느냐에 따라 기업이 변화하기도 하지요. 기업은 상품을 실제 사용하는 **소비자**와 기업 활동을 하는 곳의 **지역 사회**에 영향을 줘요. 기업은 이들을 보호할 책임을 갖고 있어요. 제4장에서는 기업의 안과 밖에서 기업과 영향을 주고받는 사람들을 살펴보아요.

기업에 관련된 사람들

큰 기업을 운영하는 데는 저마다 다른 일을 하는 많은 사람이 필요해요. 예를 들어, 전기 자전거를 만드는 회사, *이지 일렉트릭 사이클스*를 살펴보아요.

최고경영자(CEO) 또는 **사장**은 전체 사업을 관리하는 책임을 맡고 있는 사람이에요.

이사회는 기업에 장기적인 영향을 미치는 결정을 내려요. 예를 들어 CEO를 채용하고 해고하는 등의 일을 해요.

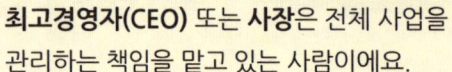
내가 이 자리를 맡은 뒤로 우리 전기 자전거 매출이 늘었어요.

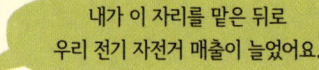
하지만 약속하신 만큼은 안 늘었어요. 이유가 뭔가요?

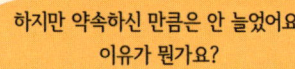
설명 드릴게요.

직원은 여러 팀으로 나뉘어 있고, 각 팀은 서로 일하는 영역이 달라요.

우리는 마케팅 일을 해.

나는 회사의 회계를 맡고 있지.

주주는 기업 재산의 일부인 주식을 소유하고 있어요. 주식의 가치는 기업이 잘되면 올라가고, 기업이 어려워지면 떨어지지요. 그래서 기업이 잘될 때 주식을 팔면 돈을 벌 수 있어요.

지난주에 주식을 팔아야 했어. 그때가 더 가격이 높았어.

주주들은 연례 총회에서 이사회 임원을 뽑아요.

이지 일렉트릭 사이클스

관리자는 팀이나 부서를 이끄는 사람이에요.

생산 팀 여러분! 오늘은 아주 바빠요. 오후 5시까지 자전거 6대를 완성해야 해요!

나는 영업 팀을 관리해.

나는 자전거를 만들어.

네, 팀장님!

나는 품질을 검사해.

관리자와 직원은 모두 **종업원**이에요. 회사를 위해 일하고 그 대가로 임금을 받아요.

CEO와 이사들도 기업에서 돈을 받아요. 그 보수에 대한 규칙은 나라마다 달라요.

기업 밖에 있는 **고객**과 **지역 사회**도 기업의 실적에 따라 영향을 받아요. (78~81쪽을 보세요.)

어제 이 전기 자전거를 샀어. 지금 친구들한테 가서 자랑해야지.

최고경영자가 하는 일

기업 경영을 책임지는 자리에 있으면 생각해야 할 게 많아요. 예를 들어, 토파즈 세일링이라는 유람선 여행사를 운영하는 루아나는 CEO로서 아래와 같은 일을 해요.

비전을 세워요

루아나는 자신의 기업이 5년, 10년 후에 어떤 모습이어야 할지에 대해 명확하고 야심 찬 계획을 갖고 있어요.

10년 후에 토파즈 세일링은 세계 최고의 유람선 여행사가 될 거야.

중국인 고객 수백만 명을 태우고 아시아와 태평양 지역을 누빌 거야.

사람들에게 힘을 주어요

루아나는 이런 비전을 직원들에게 전달하고 직원들이 이를 실현할 수 있도록 격려해요.

우리는 가장 크고 좋은 회사가 될 거예요.

여러분의 노고 덕분이에요.

좋아요.

맞아요!

야호!

혁신적인 상품을 만들어요

루아나는 기업을 발전시킬 창의적이고 흥미로운 아이디어를 계속 내놓아요.

크기만 하고 개성이 없는 유람선 대신, 작고 친근한 유람선을 만들 거예요.

다양한 테마의 여행을 만들어서, 승객들이 각자 취향에 맞는 프로그램을 선택하게 할 거예요.

기업의 일과 사람을 관리해요

루아나는 업무에 맞게 직원을 합리적으로 배치해서, 기업이 원활하게 운영될 수 있게 해요. 루아나는 '**예산**'이라는 지출 계획을 세워서 돈을 다양한 업무에 분배해요.

새 유람선을 만드는 일 때문에 예산을 넘지 않을지 살펴봐야 해.

직원을 더 뽑아야 해. 2019년 말까지 23명의 직원이 더 필요해.

(아주 큰 회사의 CEO 중에는 관리 업무는 다른 사람에게 맡기고, 자신은 창의적이고 장기적인 계획에 집중하는 사람들도 있어요.)

직원의 능력을 향상시켜요

루아나는 직원들이 새 기술을 익혀서 맡은 일을 더 잘하도록 만들어요.

이번 달 주주 회의에서 발표를 해 주면 좋겠어요.

내가 물러나면 이 사람이 CEO가 될 수도 있어. 그러니까 자신감을 키워 줘야지.

어려운 결정을 내려요

루아나는 기업을 유지하기 위해 때로 사람들이 싫어하는 결정을 내려야 해요.

베링 해협으로 가는 노선을 없애기로 했어요. 그 노선은 돈벌이가 안 돼요. 안타깝지만 더 이상은 일하실 수 없어요.

초소형 기업 이끌기

직원이 10명 이하인 초소형 기업의 경영자는 위에 나오는 모든 일을 혼자 다 해야 해요. 게다가 재무 관리부터 마케팅, 제품 생산까지 해야 할 수도 있어요.

고용의 다양성

다양한 출신의 사람들을 고용하는 것을 '**고용의 다양성**'이라고 해요. 다양성의 항목은 나이, 인종, 종교, 성별, 장애 여부, 교육 정도 등 여러 가지가 있어요. **소수 집단** 출신 사람을 고용하는 것은 꼭 필요해요. 이들은 다른 곳에서 차별을 받을 경우가 많기 때문이지요. 고용의 다양성이 필요한 더 자세한 이유를 아래 대화를 통해 살펴봐요.

> 우리 팀에 소수 인종 출신들이 별로 없는 건 잘못인 것 같아요.

> 나는 그냥 가장 능력이 뛰어난 사람을 뽑을 뿐이에요. 인종은 상관없어요.

> 하지만 우리는 모든 인종의 고객들에게 상품을 팔려고 하잖아요. 우리가 다양한 고객을 이해하지 못하면 어떻게 그 사람들이 원하는 상품을 만들 수 있겠어요?

> 당신이 소수 인종 출신이니까 당신이 말해 주면 되겠네요.

> 그건 안 돼요! 내가 각기 다른 모든 소수 인종을 대신해서 말해 줄 수는 없어요. 우리한테는 다양한 관점, 생활 방식, 경험이 있는 사람들이 모인 팀이 필요해요.

> 하지만 우리 팀에 이미 똑똑한 사람이 많은데 그런 팀이 왜 필요하죠?

> 사업이 잘될 때는 직원들이 모두 비슷한 방식으로 생각한다는 걸 미처 깨닫지 못하죠. 하지만 어려움에 부딪히면 폭넓고 창의적인 아이디어가 필요해요.

> 좋아요. 하지만 소수 인종 사람들이 우리 회사에 지원을 하지 않잖아요.

> 채용 공고를 내는 곳이 한정되어 있으니까 그렇죠! 저 밖에는 여기서 일을 잘할 유능한 사람들이 많아요.

> 정말로 그렇게 생각해요?

> 그럼요! 그리고 모든 사람에게 이곳에서 일할 기회를 주는 게 올바르다고 생각해요.

> 알겠어요! 우리 기업의 고용 다양성을 높이기 위해 할 수 있는 걸 다 해 봅시다.

채용

기업이 어떤 사람에게 일자리를 줄 때, 즉 **채용**할 때 그 일에 적합한 사람을 뽑아야 해요. 또한, 채용 과정은 공정해야 하지요. 채용은 다음과 같은 과정을 거쳐서 이루어져요.

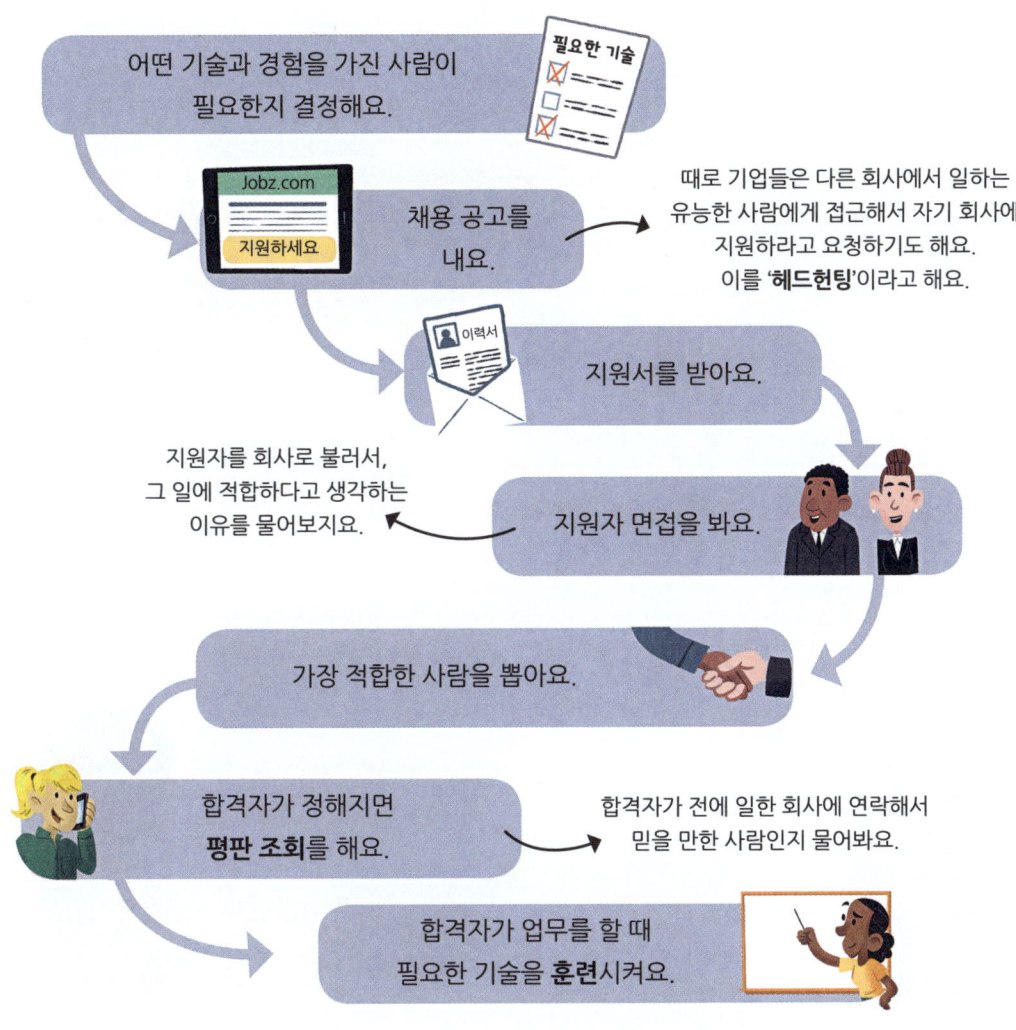

어떤 기술과 경험을 가진 사람이 필요한지 결정해요.

채용 공고를 내요.

때로 기업들은 다른 회사에서 일하는 유능한 사람에게 접근해서 자기 회사에 지원하라고 요청하기도 해요. 이를 '**헤드헌팅**'이라고 해요.

지원서를 받아요.

지원자를 회사로 불러서, 그 일에 적합하다고 생각하는 이유를 물어보지요.

지원자 면접을 봐요.

가장 적합한 사람을 뽑아요.

합격자가 정해지면 **평판 조회**를 해요.

합격자가 전에 일한 회사에 연락해서 믿을 만한 사람인지 물어봐요.

합격자가 업무를 할 때 필요한 기술을 **훈련**시켜요.

효과적이고 공정한 채용을 하기 위해서 기업은 다음과 같은 일을 할 수 있어요.

소수 집단 사람들이 주로 사용하는 웹사이트와 신문에 채용 공고를 내요.

지원서에 이름과 나이를 적지 않게 해요. 채용 담당자가 이름과 나이를 보고 인종이나 성별 등을 추측해서 편견을 가질 수 있으니까요.

가난한 젊은이들을 실습생이나 연수생으로 뽑아서 회사에서 일을 하고 돈을 벌 수 있는 기회를 주어요.

협동하기(팀워크)

기업은 흔히 직원들을 여러 개의 팀으로 짜서 운영해요. 하나의 팀은 비슷한 일을 하거나 같은 과제를 수행하는 사람들로 이루어져요. 팀으로 일하면 혼자서 일하는 것보다 더 많은 것을, 더 훌륭하게 해낼 수 있어요. 이렇게 일하는 것을 '협동' 또는 '팀워크'라고 해요. 아래에서 협동이 이루어지는 과정을 살펴보아요.

팀에는 다양한 장점과 단점을 가진 사람들이 섞여 있어요.

- 새 고객 영업에 성공했어요!
- 잘했어요. 당신은 영업의 귀재예요. 우리 데이터베이스에 새 고객을 등록했나요?
- 아, 그건 어떻게 하는지 맨날 잊어요.
- 내가 하죠. 나는 서류 정리를 좋아하니까.

팀원들은 서로 생각을 주고받으며 더 좋은 아이디어를 만들어요.

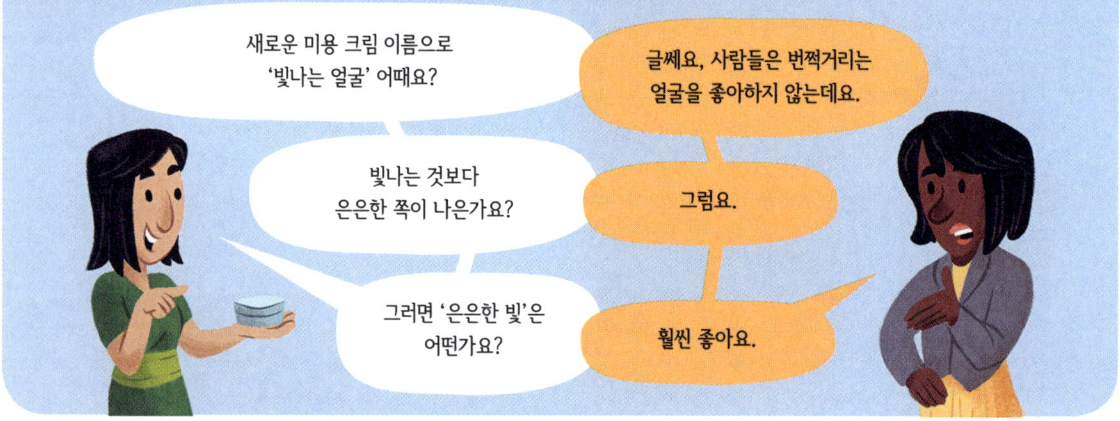

- 새로운 미용 크림 이름으로 '빛나는 얼굴' 어때요?
- 글쎄요, 사람들은 번쩍거리는 얼굴을 좋아하지 않는데요.
- 빛나는 것보다 은은한 쪽이 나은가요?
- 그럼요.
- 그러면 '은은한 빛'은 어떤가요?
- 훨씬 좋아요.

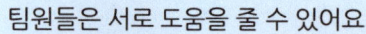
팀원들은 서로 도움을 줄 수 있어요.

- 미안해요. 오늘 몸이 안 좋아서 빵 배달을 못 하겠어요.
- 정말 고마워요.

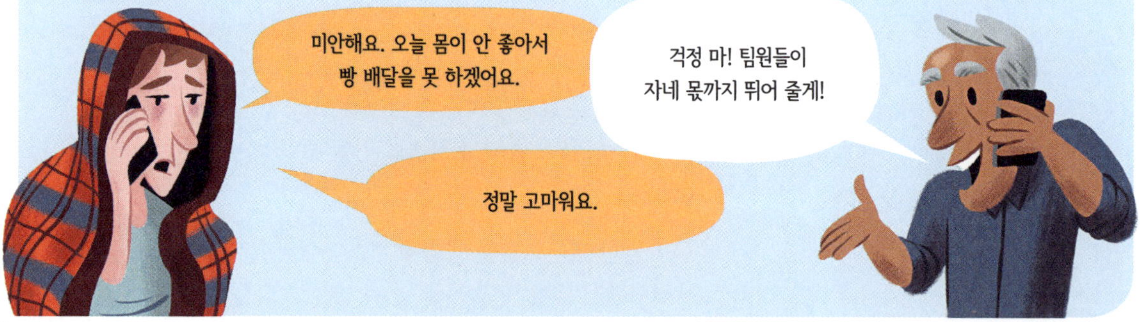

- 걱정 마! 팀원들이 자네 몫까지 뛰어 줄게!

일할 의욕 불어넣기(동기 부여)

자기 일을 좋아하고 열심히 일하는 직원은 대개 일을 빨리, 많이 할 수 있어서 생산성이 높아요. 직원이 즐겁게 일을 하면 관리자도 좋지요. 직원에게 의욕을 불어넣을 수 있는 방법을 아래에서 살펴보아요.

1단계: 나쁜 노동 조건을 개선해요

- 낮은 임금
- 성질이 고약한 관리자
- 실직에 대한 불안
- 인간관계의 어려움
- 지나치게 많은 서류 작업

이처럼 노동 조건이 나쁘면 사람들은 일할 의욕을 잃게 돼요. 하지만 이런 문제를 다 없앤다고 사람들이 완전히 행복해지는 것은 아니에요. 그저 불행을 덜 느낄 뿐이죠.

2단계: 직무에 만족감을 갖게 해요

직원들이 행복한 마음으로 의욕적이고 생산적으로 일하게 하려면, 다음과 같은 것들이 필요해요.

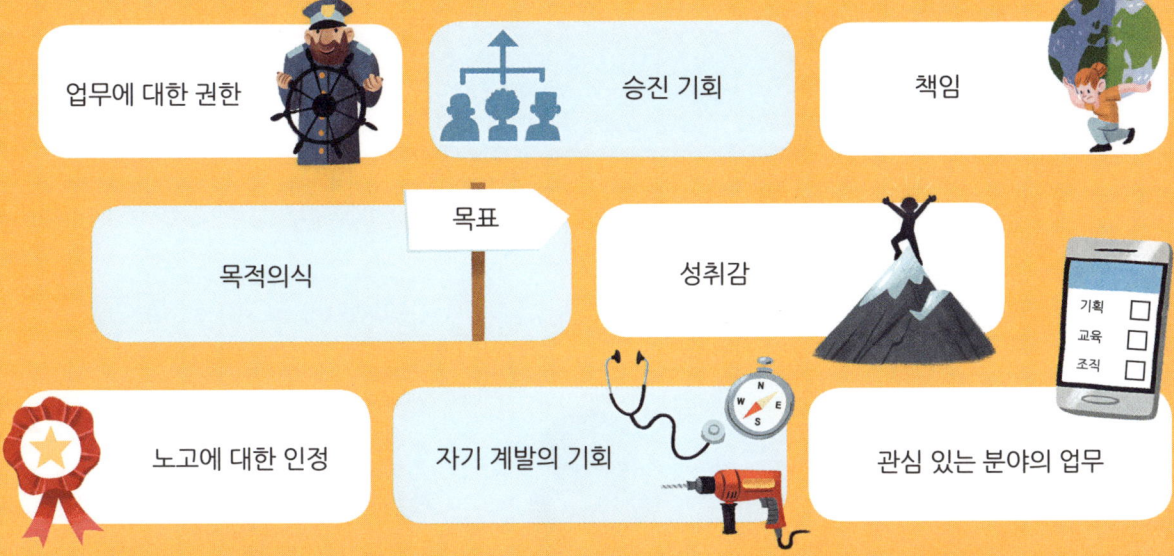

- 업무에 대한 권한
- 승진 기회
- 책임
- 목적의식
- 목표
- 성취감
- 노고에 대한 인정
- 자기 계발의 기회
- 관심 있는 분야의 업무

훌륭한 관리자는 직원들에게 위의 요소들을 최대한 많이 갖게 해 주기 위해 애써요.

노동자의 권리

기업의 경영자들은 직원보다 더 큰 힘을 가지고 있어요. 직원들은 힘이 약하기 때문에, 회사에서 일을 너무 많이 시키거나 임금을 너무 조금 주거나 작업 환경이 위험해도 말을 하지 못하기가 쉬워요. 이런 노동자들을 보호하기 위해 만든 국제적인 규약이 있어요.
바로 '**노동자의 권리**'예요. 노동자의 권리에 어떤 것들이 있을까요?

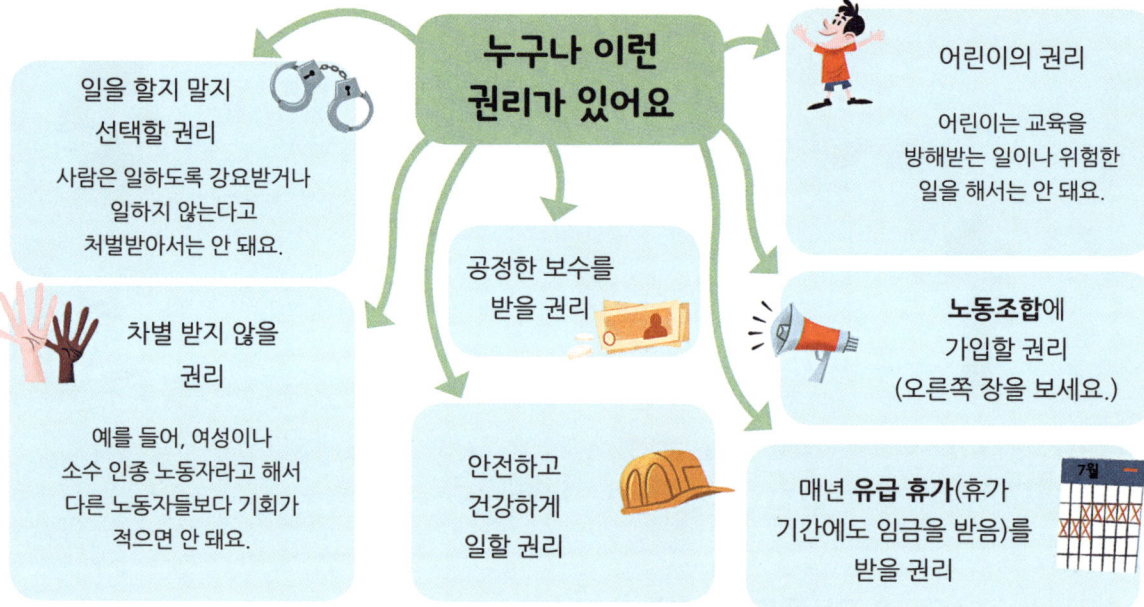

누구나 이런 권리가 있어요

- **일을 할지 말지 선택할 권리**
  사람은 일하도록 강요받거나 일하지 않는다고 처벌받아서는 안 돼요.

- **차별 받지 않을 권리**
  예를 들어, 여성이나 소수 인종 노동자라고 해서 다른 노동자들보다 기회가 적으면 안 돼요.

- **공정한 보수를 받을 권리**

- **안전하고 건강하게 일할 권리**

- **어린이의 권리**
  어린이는 교육을 방해받는 일이나 위험한 일을 해서는 안 돼요.

- **노동조합**에 가입할 권리 (오른쪽 장을 보세요.)

- 매년 **유급 휴가**(휴가 기간에도 임금을 받음)를 받을 권리

실제로 전 세계의 노동자들이 모든 권리를 똑같이 누리지는 못해요. 각 나라의 법에 따라서 노동자들의 권리도 달라질 수 있어요.

> 나는 미국에 살아요. 여기는 유급 휴가가 법으로 정해져 있지 않아요. 그냥 사장님 마음이죠. 우리 회사는 1년에 5일이 전부예요.

> 안타깝네요! 나는 영국에서 사는데, 매년 28일의 유급 휴가가 있어요.

> 부럽네요! 나는 아기를 낳고 나서 임금이 없는 무급 휴가만 받았어요.

> 나는 스웨덴에 살아요. 나와 내 아내는 아기가 태어난 뒤, 둘이 합쳐서 480일의 유급 휴가를 썼어요.

사람들의 힘

노동자들은 임금 인상, 유급 휴가 확대, 안전한 작업 환경 조성 등 노동 조건의 개선을 원해요. 노동자들이 힘을 합하면 사장과 같은 고용주에게 자신들의 요구를 더 강하게 주장할 수 있어요. 고용주가 요구를 거절하면 노동자들은 때로 **파업**을 하기도 해요.

노동조합은 비슷한 일을 하는 노동자들의 이익을 대표하는 단체예요. 노동조합은 노동자들의 의견을 모아서 고용주에게 요구를 하고 때로는 파업을 벌이기도 해요.
대부분의 나라에서 고용주가 노동조합 활동을 가로막는 일은 불법이에요. 기업의 경영자가 노동조합 활동을 존중하는 것은 법적 의무일 뿐 아니라, 노동자들과의 관계를 긍정적으로 만들어 주어요.

소비자와 고객

기업의 상품이나 서비스를 '사용하는' 사람을 '**소비자**', 상품을 '사는' 사람을 '**고객**'이라 해요. 소비자와 고객이 언제나 일치하지는 않아요. 기업은 소비자와 고객 모두와 아주 중요한 관계를 맺고 있어요.

소비자는 기업에 영향력이 있어요. 소비자인 아기가 어떤 이유식을 싫어하면, 고객인 부모는 그 이유식을 사지 않겠지요. 또한 그 부모는 온라인 후기를 쓰는 등, 다른 고객의 구매 결정에도 영향을 미칠 수 있어요. 이는 기업의 사업 계획에도 영향을 주게 되죠.

좋은 회사는 소비자의 반응을 기다리기 전에, 상품을 사고 사용하게 될 사람들을 직접 찾아다녀요. (시장 조사에 대해서는 16쪽을 보세요.)

소비자 보호

나라에서는 정직하지 않거나 불성실한 기업 때문에 소비자가 피해를 당하지 않도록 법을 만들어서 보호해요. 다음과 같은 일은 대부분의 나라에서 불법이에요.

안전하지 않은 상품을 파는 것

가짜 상품을 파는 것 (예를 들어 유명 디자이너의 핸드백을 베끼는 일)

기준에 미치지 못하는 서비스를 제공하는 것

거짓 광고 (48~49쪽을 보세요.)

구입한 상품에 문제가 있을 때, 그 상품을 반납하고 돈을 돌려받는 일을 '**환불**'이라고 해요. 소비자는 환불에 대한 법적 권리가 있어요.

제품 리콜

이미 판매한 제품이 안전하지 않다는 것이 밝혀지면, 기업은 그 제품을 산 모든 사람에게 제품의 반납을 요청하기도 해요. 이런 일을 '**제품 리콜**'이라고 해요.
사고가 생기기 전에 먼저 리콜을 하면, 기업은 평판이 나빠지는 것을 막을 수 있어요. 또한 소비자에게 소송을 당할 위험도 줄일 수 있어요.

제품 리콜 안내

실제 사례

델 노트북 컴퓨터에 들어 있는 소니 배터리 중 일부가 불이 날 위험이 있습니다. 2004년 4월부터 2006년 7월 사이에 델 노트북 컴퓨터를 산 고객은 배터리 모델과 일련번호를 확인하세요. 문제가 있는 배터리는 교환해 드리겠습니다.

고객의 항의

소비자가 어떤 제품이나 회사에 실망하게 되면 기업에 불만을 이야기할 수 있어요.
또한 기업이 법을 어기면 소비자들은 정부에게도 항의할 수 있어요. 피해를 당한 사람이 아주 많으면, 소비자 단체들이 사람들을 모아서 집단 항의나 소송을 할 수도 있지요.
이런 소비자 단체는 소비자의 권리를 알려 주기도 하고, 각종 재화와 서비스를 자체적으로 평가한 정보를 주기도 해요.

사회에 미치는 영향

기업은 사업을 하고 있는 **지역 사회**에 영향을 미쳐요. 이때 미치는 긍정적인 영향은 지역 사회에 돈이 들어오고, 일자리와 서비스가 생긴다는 사실이에요.

이 지역 사회는 블렌하임 로드 극장 덕분에 많은 혜택을 받고 있어요.

블렌하임 로드 극장

주민들이 공연을 보며 여가를 즐겨요.

연극 강좌를 열어 지역의 어린이, 청소년에게 교육 기회를 줘요.

극장 건물을 여러 가지 모임 공간으로도 활용해요.

지역 주민에게 일자리가 생겨요.

공연을 보러 온 관객들은 근처 상점에서 먹을 것과 마실 것을 사요.

세트를 지을 목재를 지역 목재업자에게 사들여요.

일자리가 생기고 새로운 손님들이 찾아오게 되면, 긍정적인 영향이 꼬리를 물고 이어지는 '물결 효과'를 일으킬 수 있어요.

1. 지역 사업체를 찾아온 고객이 그곳에 있는 다른 사업체의 상품을 사요.

2. 많은 지역 사업체가 번성하고 성장해요.

1. 지역 사업체가 일자리를 만들어요.

2. 종업원들이 돈을 벌어요.

3. 그렇게 번 돈을 지역의 다른 사업체에 써요.

4. 많은 지역 사업체가 번성하고 성장해요.

기업은 지역 사회에 부정적인 영향을 미치기도 해요.

기업이 지역 사회에 부정적인 영향을 미치고 있는데도 경영자들이 모른 척하는 것은 비윤리적이에요. 이는 눈앞의 이익만 생각하는 근시안적인 태도지요. 자칫하면 기업이 지역 사회에 끼친 피해 때문에 소송을 당할 수도 있고, 막대한 돈을 물어내야 할 수도 있어요.
보통 지역 사회에 해로운 사업은 아예 시작하기도 힘들 때가 많아요. 사업 가운데에는 지방 정부나 중앙 정부의 허가를 받아야만 진행할 수 있는 일들이 있거든요. 유전 개발 같은 대규모 사업은 더더욱 그렇답니다. 지역 주민들은 이런 파괴적인 사업은 허가를 받지 못하도록 반대 운동을 벌이기도 해요.

제5장
제품 만들기

　제5장에서는 기업이 아이디어를 **제품**으로 만들 때 생각해야 할 것들을 알아볼 거예요. 먼저 제품을 만들 재료를 정해야 해요. 재료를 주로 다른 나라에서 구해 오는 경우가 많아요. 다음으로, 제품을 만들 사람과 기계, 기구 등이 필요해요. 마지막으로, 완성된 제품을 고객이 구매할 장소까지 옮기는 운송도 고려해야 하지요.

　이 모든 일은 적은 비용으로 신속하게 진행해야 해요. 그러면서도 제품은 고객이 만족할 만한 수준으로 만들어야 하지요. 또한, 제품을 만들고 옮기는 과정에서 주변 환경에 해를 끼치지 않아야 해요.

제품을 만드는 과정

상품과 서비스를 만들어 내는 과정을 '**생산**'이라고 해요. 생산을 하는 방법에는 여러 가지가 있어요. 사업가는 어떤 제품을 만들지 결정한 다음, 그 제품에 가장 잘 맞는 생산 방법을 선택해야 해요.

한 번에 하나씩

제품을 하나씩 만드는 것은 **개별 생산**이에요. 고객 한 명 한 명이 제품에 요구하는 특성이 저마다 다를 때 쓰이는 방법이지요.

나는 케이크를 한 번에 한 개씩 처음부터 끝까지 다 만들어요. 모든 케이크는 오직 그 고객만을 위해 특별히 만든 거죠.

할머니의 90세 생신 파티를 위해 주문한 케이크예요. 할머니가 보라색을 좋아하시거든요.

한 번에 여러 개씩

제품을 만드는 또 다른 방법은 각 종류를 한꺼번에 만드는 거예요. 이 방법은 **일괄 생산**이에요. 이렇게 하면 하나씩 따로 만드는 것보다 더 빠르고 값싸게 만들 수 있어요.

초콜릿 케이크 여러 개를 한꺼번에 만들었어요. 다음에는 바닐라 케이크를 만들 거예요.

나는 특별한 케이크는 필요 없어요. 이 케이크 아주 좋아 보이네요.

모두에게 똑같은 제품을

공장에서 기계와 장비를 갖추고 똑같은 제품을 아주 많이 만드는 것을 '**대량 생산**'이라고 해요. 대량 생산은 처음에 시설과 인력을 꾸리는 데 돈이 많이 들어요. 하지만 일단 준비가 되고 생산을 시작하면 물건을 아주 빠르고 싸게 만들 수 있어요.

대량 맞춤 생산

대량 생산 제품이라 하더라도 약간의 맞춤 생산 요소를 넣을 수 있어요.

실제로 제품을 만드는 곳은 어디일까요?

일상생활에서 쓰이는 제품은 전 세계의 기업이 복잡한 연결망을 통해서 생산하는 경우가 많아요. 이러한 연결망을 '**공급 사슬**'이라고 해요. 이 경우 여러 기업이 얽혀 있어서 제품 생산의 진짜 책임자가 누구인지, 어떻게 만들고 무슨 재료를 썼는지 알기 어려울 때가 있어요.

예를 들어, 이 신발 한 켤레의 공급 사슬은 다음과 같아요.

1. 이 신발의 디자인은 미국에서 했어요.
2. 신발을 꿰맨 실은 불가리아에서 만들어요.
3. 깔창은 중국에서 만들어요.
4. 인조 가죽은 일본에서 만들어요. 인조 가죽의 원료인 폴리우레탄은 미국에서 가져와요.
5. 신발 안감, 상표, 신발 끈과 천은 타이완에서 만들어요. 면은 인도에서, 폴리에스테르는 사우디아라비아에서 가져와요.
6. 고무 밑창은 인도네시아에서 만들어요. 고무는 태국의 공장에서 가져와요.
7. 중국에서 각 부분을 모아 완제품으로 만들어요.
8. 신발이 전 세계로 실려 나가서 팔려요.

각 공급 업체는 또 다른 공급 업체에서 물건을 받아요.

기업이 공급 사슬을 사용하는 데에는 이유가 있어요.

질 좋고 저렴한 재료
나라마다 특별히 값싸게 잘 만드는 물건이 있어서 세계적으로 앞서 나가는 경우도 있어요.

저렴한 노동력
다른 나라보다 임금이 낮은 나라가 있으면 기업은 그곳에서 제품을 생산하는 게 유리해요.

윤리적인 생산의 중요성

전 세계적인 공급 사슬 덕분에 가난한 나라에는 일자리가 생기고 돈도 벌 수 있게 돼요. 그러나 이런 점을 내세워, 큰 기업이나 그 회사 고객들은 외국의 노동자들이 얼마나 힘들게 일하는지는 신경 쓰지 않아요. 예를 들어, 방글라데시에 있는 공장의 노동자들 이야기를 들어 보세요.

> 나는 한 시간에 청바지 120벌의 솔기와 주머니를 꿰매. 그렇게 하루 10시간씩, 일주일에 6일을 일하지. 일 년에 300일을 일해.

> 한 달 월급은 겨우 80,000원이지만, 예전에 벌던 것보다는 훨씬 많은 돈이야.

> 사람들은 청바지 한 벌을 고작 15,000원에 사면서, 우리 노동 조건이 어떨 거라고 생각할까?

싼 값에 전 세계로 팔려 나가는 제품을 만드는 사람은 힘없는 노동자들이에요. 그 노동자들을 보호하려면 어떻게 해야 할까요? 기업은 자신들의 제품을 누가, 어떻게 만들고 있는지 알아보고, 노동 조건을 개선하도록 해야 해요. 이런 내용이 널리 알려지면 소비자들도 상품을 살 때 좀 더 책임감 있는 태도로 고를 수 있어요.

> 전에는 값만 보고 상품을 샀는데, 이제 윤리적으로 생산된 옷인지 살펴보게 되었어.

더 싸게, 더 많이

기업이 물건을 더 **효율적**으로 만들면, 고객을 더 많이 끌어들일 수 있어요. 효율적으로 만든다는 건 경쟁 회사보다 더 '좋게, 빠르게, 싸게' 만든다는 뜻이에요. 그래서 기업은 끊임없이 생산 과정을 개선하려고 노력해요.

절약형 생산

1970년대에 일본의 자동차 회사인 도요타의 엔지니어들은 '**절약형 생산**'이라는 방법을 개발했어요. 이것은 여러 가지 낭비 요소를 없애서 비용을 줄이는 생산 방법이에요. 도요타의 엔지니어인 신고 시게오가 말하는 낭비 요소를 알아보세요.

실제 사례

낭비 요소를 없애요!

과잉 재고

생산을 별 탈 없이 잘 하려면 기업은 창고에 미리 재료를 준비해 두어야 해요. 하지만 이 같은 **재고**는 보관하고 관리하는 데 돈이 들어요.

재고를 가능한 한 적게 갖고 있으려면, 필요할 때 재료가 도착하도록 주문해요. 또 재료가 도착하면 곧바로 생산 공장으로 보내요.

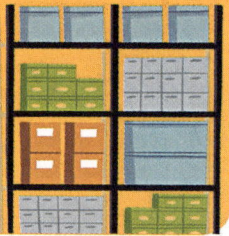

시간 낭비

종업원들은 연장과 재료를 찾아다니느라 시간을 낭비할 때도 있어요. 여기저기서 일이 조금씩 늦어지면 전체적으로 큰 시간 낭비가 생겨요.

시간 낭비를 막는 한 가지 방법으로, 연장을 손이 닿는 곳에 두면 연장을 가지러 가는 시간을 절약할 수 있지요.

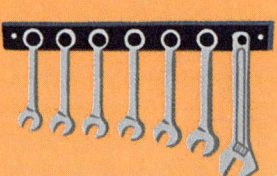

과잉 생산

팔리는 양 이상의 제품을 만들면 자원과 돈을 낭비하는 거예요.

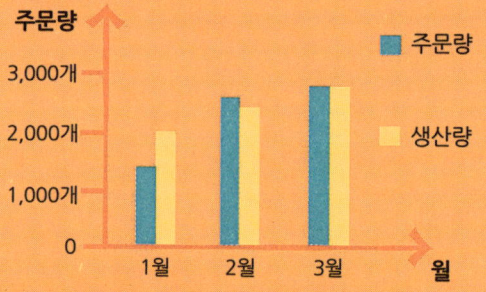

예를 들어, 이 회사는 1월에 500개를 과잉 생산 했어요. 이런 일을 피하기 위해 고객이 주문을 한 다음에 생산에 들어가도록 할 수 있어요.

불필요한 기능 추가

고객에게 중요한 기능이 아니면 추가할 필요가 없어요. 비용이 든다고 가치가 높아지지는 않거든요.

운전대를 따뜻하게 하는 열선이 꼭 필요할까?

끝없는 개선

어떤 회사가 더 이상 개선을 하지 않는다면, 다른 기업이 더 좋은 상품이나 생산 방법을 개발해서 고객을 빼앗아 갈 거예요. 또 종업원을 교육시키는 것도 생산을 개선하는 방법이에요.
개선 방법의 예를 더 살펴보세요.

기계에 투자하기

그게 더 빠르고 돈도 절약되죠. 하지만 그 일을 하던 사람들은 일자리를 잃었어요.

전에는 사람이 자동차에 페인트를 뿌렸는데, 이제는 기계가 그 일을 해요.

아이디어 모으기

문제의 해결책은 멀리 떨어진 사무실에서 일하는 사람보다는 공장에서 일하는 사람이 더 잘 생각해 낼 수 있을 거예요.

우리는 매주 공장의 전 직원에게 작업 방법을 개선할 아이디어를 내 달라고 부탁해요.

현장에서 끊임없이 문제를 찾고 해결 방법을 내는 이 방법은, 도요타에서 개발한 개선 방법이에요.

최고에게 배우기

공장을 견학시켜 주어서 고마워요.

우리는 다른 큰 공장들이 어떻게 하는지 배우려고 해요.

자신의 기업을 다른 기업에 견주어 보고 장점을 따라 배우는 것을 '벤치마킹'이라고 해요.

품질이 좋아야 잘 팔려요

고품질 상품은 고객이 바라는 것을 만족시켜 줘요. 고객은 자신이 좋아하는 상품은 다시 살 거예요. 또 그 상품을 다른 사람에게 추천할 가능성도 높아지겠죠. 품질이 좋은 상품은 저절로 팔려 나가기 때문에, 사업가는 품질을 중요하게 생각해요.

요모조모 우수한 품질

아래 인터넷 브라우저 회사에 충성 고객이 많아진 이유를 살펴보세요.

쉬운 사용 방법

"브라우저 다운로드가 정말로 간편해요. 사용 설명서도 읽기 쉽게 되어 있고, 오디오 버전도 있어요. 인터넷 초보자들에게 추천해요."

캐나다의 미구엘

철저한 테스트

"이 브라우저의 초기 버전은 컴퓨터 코딩 기술자용이었어요. 나도 이 브라우저를 테스트하고 문제를 찾는 일에 참여했어요. 즐거운 경험이었어요."

독일의 니나

고객 맞춤형

"정말 좋은데요! 브라우저를 자신이 원하는 대로 설정할 수 있어요. 홈페이지에 별자리 지도와 최신 배구 소식을 싣고 싶은가요? 얼마든지 할 수 있어요."

싱가포르의 이웨이

친절한 직원

"툴바를 내 맘대로 설정하는 방법이 잘 이해되지 않았어요. 고객지원 팀에 메시지를 보냈더니 정말로 빨리 연락이 왔어요. 친절하고도 유능했어요. 최고예요."

나이지리아의 아데이즈

삭제가 쉬워요

"이 브라우저는 나하고는 안 맞네요. 어쨌든 제거하기는 쉬워요!"

일본의 이쿠

불만에 귀 기울여요

"다운로드 속도에 대해서 불평하는 메일을 보냈어요. 그랬더니 바로 사과를 하고 문제를 해결해 주더군요. 고마웠어요!"

아일랜드의 올리버

어느 정도 품질로 만들까요?

고품질 상품은 생산하는 데 돈이 많이 들어요. 그래서 기업들은 그만한 돈을 고객이 기꺼이 내고 고품질 상품을 살 것인지 확실히 알기를 원해요. 때로는 품질을 약간 낮추더라도 상품을 싼 값에 파는 게 사업을 잘하는 방법이 될 수 있어요.

부족해요

이 간편 죽은 싸지만 맛이 없고 물이 너무 많아. 또 사 먹을 것 같지 않아.

맛: 5점/10점
식감: 4점/10점
가격: 2,200원

지나쳐요

이 죽은 엄청 맛있고 진하지만 너무 비싸.

맛: 9점/10점
식감: 9점/10점
가격: 6,500원

딱 맞아요

이 죽은 딱 좋아! 적당히 진하고 맛있고 가격도 괜찮아.

맛: 8점/10점
식감: 7점/10점
가격: 3,900원

오래가지 않는 고품질 상품

상품이 오래가면 고객은 새 상품을 살 필요가 없을 거예요. 그래서 기업은 물건을 처음 만들 때부터 얼마 뒤 유행에 뒤처질 것처럼 보이거나, 곧 새로운 버전이 나와서 교체될 게 분명해 보이는 상품을 만들기도 하지요. 이런 것을 '**계획적 진부화**'라고 해요. 진부화란 일부러 새로워 보이지 않도록 만든다는 뜻이에요.

생산 관리 실패

생산을 제대로 관리하지 못하면 때로 참혹한 결과가 빚어질 수도 있어요. 예를 들어 중앙아시아에서 면화 생산을 지나치게 많이 하는 바람에, 그 지역의 아랄해는 물이 거의 말라 버렸어요. 면화 농장에 물을 대느라 강물이 아랄해로 흘러들지 못하게 되었거든요. 물이 없으면 더 이상 면화도 기를 수 없어요. 물 부족은 사람, 동물, 그리고 기업에도 나쁜 결과를 가져다주어요.

누구의 책임인가요?

면 티셔츠가 필요해서 인기 상점에 가서 값이 싼 티셔츠를 샀어.

소비자

우리 회사는 중앙아시아의 면화로 티셔츠를 만들어서 팔아. 그곳 면화가 싸니까. 우리 고객이 원하는 게 바로 값이 싼 거야.

의류 사업가

세계적인 의류 시장에서는 값싼 면화를 원하지. 우리가 면화를 싸게 공급하지 않으면 다른 사람들이 할 거야.

면화 생산자

면화는 우리나라의 주요한 소득원이지. 우리는 계속 면화를 생산해야 해, 그것도 아주 많이!

정부 관리

아랄해가 말라 버린 까닭은 기업, 소비자, 정부의 위와 같은 결정 때문이에요. 수많은 사람과 집단이 얽힌 이런 문제를 푸는 것은 간단한 일이 아니에요.
기업은 소비자를 만족시키는 것과 **지속 가능한** 방법으로 생산을 하는 것 사이에서 균형을 잡아야 해요. 이 말은 쓰레기와 오염 물질을 줄이고 자연 자원을 책임 있게 사용해야 한다는 뜻이에요. '지속 가능한 생산'이란 노동자들과 지역 사회에 피해를 끼치지 않는 생산을 말해요.

지속 가능한 생산

기업은 지속 가능한 생산을 하기 위해, 처음부터 제품 수명 주기의 모든 단계마다 올바른 방식을 미리 계획해 둘 수 있어요.

제품의 전체 수명 주기

- **제품 설계** → 쓰레기는 최대한 줄이고 자연 자원은 최소한만 사용하려면 제품을 어떻게 만들어야 하나요?
- **재료 구하기** → 재료는 어디서 구하나요? 그 일이 환경에 미치는 영향은 어떠한가요? 사람에게는요?
- **제품 만들기** → 누가, 어떻게 만드나요? 공정은 안전한가요?
- **포장하기** → 어떤 종류로, 얼마나 많이 포장하나요? 포장재를 폐기하는 방법은 어떤가요?
- **상품 배송** → 운송 방법과 거리가 어떤가요? 그 일은 얼마나 오염을 발생시키나요?
- **상품 사용** → 상품 수리와 유지가 쉬운가요? 상품 사용에 에너지가 필요한가요? 얼마나 쓰이나요?
- **상품 폐기** → 수거한 제품을 재활용할 수 있나요? 또는 새 생산에 쓸 수 있나요?

예를 들어, 영국의 화장품 기업 *러쉬*는 자기 회사의 지속 가능한 샴푸를 다른 회사 샴푸와 비교해 보았어요.

실제 사례

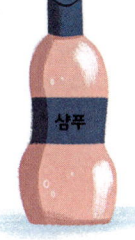
병에 든 샴푸

러쉬의 비누 샴푸

포장이 없어요
샴푸를 다 쓰면 버릴 게 아무것도 없어요.

오래 써요
비누 형태의 샴푸는 병 샴푸보다 세 배 더 오래 쓸 수 있어요.

크기가 더 작아요
그래서 운송에 필요한 트럭이 줄어드니까 오염도 줄어요.

더 비싸요
비누 샴푸는 병 샴푸보다 만드는 데 돈이 더 드니까 더 비싼 값에 팔려요.

제6장
기업의 성장

    기업의 첫 번째 과제는 살아남는 거예요. 일단 살아남는 데 성공하면 기업은 이익을 내야 해요. 다음 단계에서는 그 이익을 사용해서 **성장**하고 돈을 더 많이 버는 것을 목표로 삼을 수 있어요. 성장이란 일반적으로 더 많은 직원을 채용하고, 더 많은 물건을 만들고, 더 큰 사무실로 옮기는 등 모든 면에서 커 나가는 것을 말해요.

    성장에는 비용이 많이 들기 때문에 회사가 위험해질 수도 있어요. 그러나 성장을 하면 사업에 유리한 점도 많아요. 재료 공급 업체와 더 낮은 비용에 계약할 수 있고, 상품 가격도 원하는 대로 정할 수 있지요. 그래서 대체로 큰 기업이 이익도 더 많이 낸답니다. 제6장에서 기업이 성장하는 과정과 그로 인한 영향을 살펴보아요.

클수록 좋아요

사업이 잘되면 아무것도 바꾸지 않고 회사 규모를 그대로 지키고 싶다는 생각이 들 수도 있어요. 하지만 기업이 성장해서 커지면 여러 가지 유리한 점이 있어요. 많은 기업이 회사 규모를 키우려고 애쓰는 까닭을 알아보아요.

큰 기업은 작은 기업보다 일을 하는 비용이 적게 들 때가 많아요. 생산량이 늘어날수록 상품당 평균 비용이 줄거든요. 이를 '규모의 경제'라고 해요. 큰 기업은 가격을 낮추고도 이익을 더 낼 수 있답니다.

기업의 성장 방법

기업은 같은 상품을 더 많이 생산하거나 새로운 상품을 개발해서 성장할 수 있어요. 이것을 '**수평적 성장**'이라고 해요. 아니면 '공급 사슬'의 다른 분야로 뻗어 나갈 수도 있어요. 이것을 '**수직적 성장**'이라고 해요. 기업이 성장하려면 직원이나 기계도 더 많이 필요하고, 더 큰 건물도 필요해요. 그리고 이 모든 일에는 돈이 들어요.

우리 회사는 드론을 만들어서 드론 상점에 팔아.

공급 업체 쪽

데이지는 드론 부품을 공급해 주는 공장을 살 수 있어요. 그렇게 하면 부품의 품질도 잘 관리할 수 있고, 더 저렴한 비용으로 부품을 공급할 수 있어요. 또 다른 드론 제작 업체에 부품을 팔 수도 있지요.

데이지가 더 많은 드론을 생산하도록 공장을 확장하면, '규모의 경제' 효과를 볼 수 있어요.

수직적 성장

수평적 성장

데이지는 조립식 드론 키트, 드론 조종 강좌, 드론 비행 대회 등 신상품을 개발할 수도 있어요. 이렇게 사업의 분야를 다양하게 하는 일을 '**다각화**'라고 해요.

다각화를 하면 위험을 줄일 수 있어. 한 가지 상품의 판매가 떨어져도 다른 상품이 부족분을 메꾸어 줄 수 있으니까.

데이지는 드론 상점을 열어서 자기 회사 상품을 고객에게 직접 판매할 수도 있어요.

고객 쪽

유니콘 기업

신생 기업 중에는 엄청나게 빠른 속도로 성장해서 1~2년 만에 기업 가치가 1조 원에 이르는 기업이 되는 경우도 있어요. 이런 기업은 워낙 드물어서 '**유니콘 기업**'이라고 불러요. 유니콘은 이마에 뿔이 하나 있는 전설 속의 동물이지요.

내 이름은 리지에, 학교 졸업반이야.
수업이 끝나면 친구들을 집까지 태워다 주고 약간의 수고비를 받지.
대신 친구 부모님들은 시간과 기름 값을 절약할 수 있어.

내 카풀 서비스가 인기가 많은 걸 보면, 여기 분명히 큰 시장이 있을 거야.

유니콘 기업으로 성장할 방법이 없을까?

1년째

2년째

기술 개발

신기술을 잘 활용하는 사업은 짧은 시간 안에도 고객을 많이 만들 수 있어요.

내가 직접 차를 태워 주기보다 다른 운전자와 승객들을 연결해 주는 건 어떨까? 사람들이 쉽게 카풀을 할 수 있는 앱을 만들어야겠어.

자금 마련

투자자들에게 돈을 더 많이 모을수록 상품 값을 더 낮출 수 있어요. 그러면 더 많은 고객을 끌어들일 수 있고, 경쟁자를 시장에서 밀어낼 수 있어요.

그 앱은 크게 성공할 것 같아, 리지에!
우리 회사가 수십억 원을 투자하지.
이 돈으로 중국 여러 도시에 그 앱을 보급해 봐.

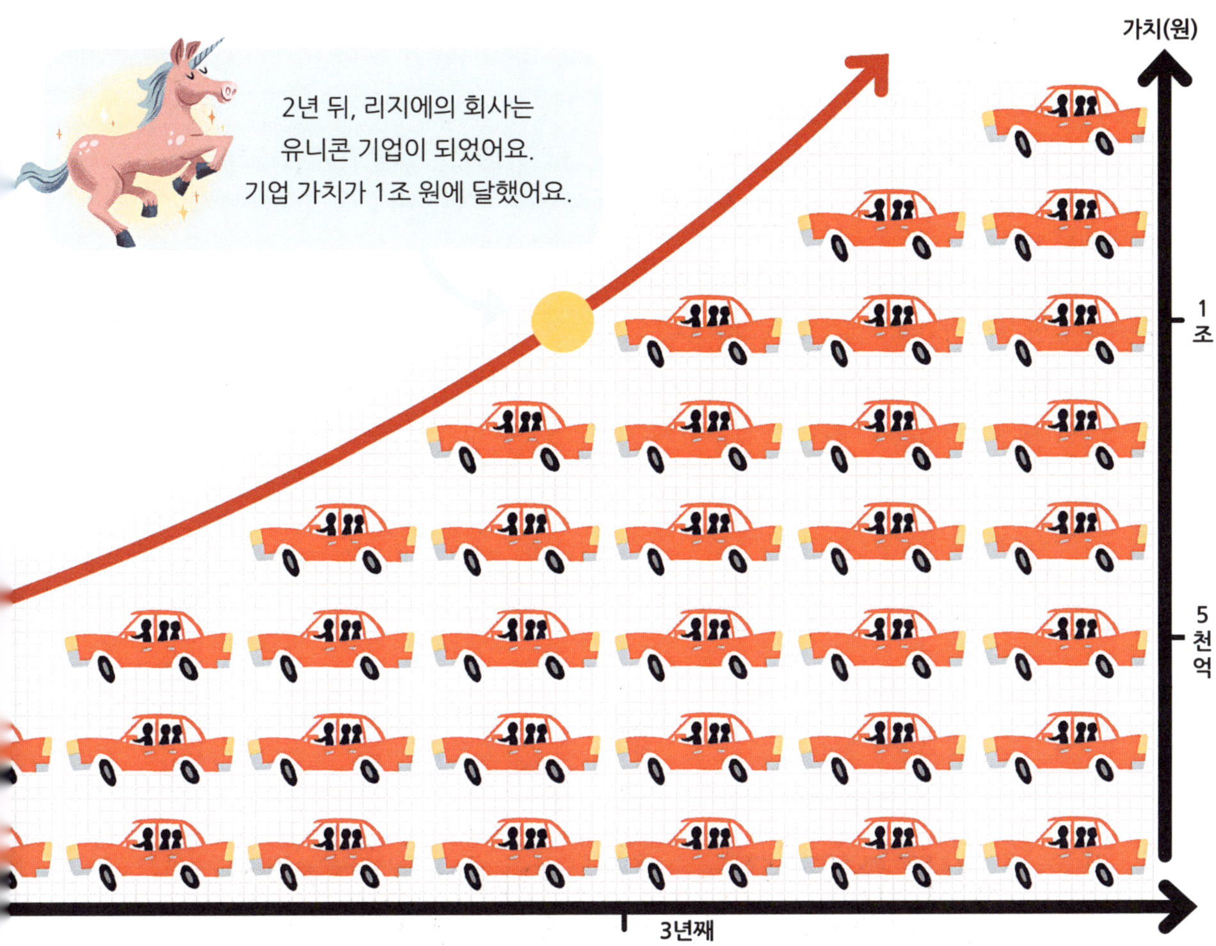

2년 뒤, 리지에의 회사는 유니콘 기업이 되었어요. 기업 가치가 1조 원에 달했어요.

가치(원)

1조

5천억

3년째

기업 매입

많은 고객을 짧은 시간 안에 확보할 수 있는 방법으로 경쟁 회사를 사는 방법이 있어요. 그 회사의 전부 또는 일부만 살 수도 있지요.

나는 세계 여러 곳의 카풀앱 회사를 네 개 샀어. 이제 남극을 뺀 모든 대륙에 우리 카풀앱을 쓰는 자동차와 운전자들이 있어.

이지 라이드

겟 데어 트래블

저스트 드라이브

셰어셰어 카카

끊임없는 혁신

가장 앞서가는 기업이라도 선두 자리를 놓치지 않으려면 계속 발전해야 해요.

나는 전기 자동차의 배터리 연구에 자금을 지원하고 있어. 우리 회사를 최초의 친환경 카풀 기업으로 만들고 싶어.

해외 판매

상품을 다른 나라에 팔면 기업을 성장시킬 수 있고, 새로운 고객도 만들 수 있어요. 하지만 다른 나라에서는 통하지 않는 문제가 있을 수도 있지요. 그래서 기업은 상품을 수출하기 전에 해외 고객이 얼마나 좋아할지, 어디에서 팔아야 할지, 값은 적당한지 등을 조사해서 해외 시장을 철저히 분석해야 해요.

예를 들어, 이 책은 영국에서 만들었지만 세계 곳곳에서 팔려요. 영어로도 팔리고 다른 나라 언어로 번역되어 팔리기도 하지요. 이를 위해서 작가, 디자이너, 영업자들이 생각해야 할 점이 있어요.

실제 사례

다른 나라 언어로 번역하면 글 자리가 더 늘어날 수도 있어. 글이 들어갈 공간은 넉넉할까?

책에 나오는 사례는 다른 나라 사람들도 이해할 수 있을까?

이 가격은 어느 나라에서나 적당한 값일까?

여기 실린 그림 가운데 다른 문화권에서 문제가 될 만한 건 없을까?

글을 읽는 방향이 달라도 도표를 보는 데 문제가 없을까? (예를 들어 아랍어는 오른쪽에서 왼쪽으로 읽으니까.)

해외 수출 시 성공할 확률을 높이려면, 수출하려는 나라의 고객에게 시장 조사를 해 보고, 상품을 그 나라 사람들에 맞추어 개발해야 해요.

어떤 상품은 특별한 이유가 없어도 다른 나라에서 잘 안 팔리기도 해요. 수출하려는 그 나라에 이미 괜찮은 상품을 팔고 있는 경쟁 회사들이 있는 경우도 있어요.

해외로 보내기

상품을 수출할 때 다른 나라로 운송하는 데 시간이나 돈이 많이 들어요. 서류 작업도 많이 필요하지요. 기업은 이 모든 문제를 먼저 생각해 본 다음, 그래도 해외에 나가는 게 좋을지 판단해야 해요.

1. 출항 전에
상품 수출 신고서와 허가 증명서, 위생 증명서를 받았나요?

2. 외국에 도착
이 서류를 모두 작성하고 통관 세금을 내세요. 그런 다음, 상품이 안전한 것인지 조사할 거예요.

3. 판매
상품을 팔면 세금을 매기겠어요.
상품을 팔아서 생기는 이익에 대해서도 세금을 내세요.

각 나라의 정부는 외국 기업의 상품을 수입하는 절차를 쉽게 만들어서 외국 기업의 진입을 장려하기도 하고, 반대로 수입 절차를 어렵게 만들어서 외국 기업의 진입을 막기도 해요.

기업 상장

기업을 키우려면 많은 돈이 필요해요. 큰 돈을 모으는 방법 중에는 남들에게 회사의 주식을 파는 방법이 있어요. 이것을 '**주식 공개**' 또는 '**주식 상장**'이라고 해요. 증권 거래소에서 회사의 주식을 사고팔 수 있게 등록하는 거예요. 이때 주식을 산 사람은 **주주**가 되지요.

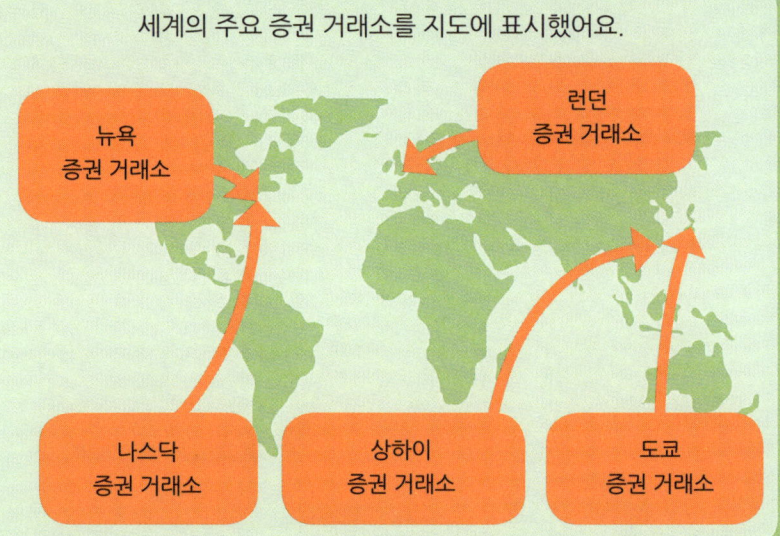

증권 거래소

사람들은 **증권 거래소**에서 주식을 사고팔아요. ('증권'은 '주식'과 비슷한 말이에요.) 어떤 기업의 주식을 사서 주주가 되었다가도 증권 거래소에서 그 주식을 팔고 다시 다른 기업의 주식을 살 수 있어요. 그러면 새로 주식을 산 기업의 주주가 되는 거예요.

세계의 주요 증권 거래소를 지도에 표시했어요.

뉴욕 증권 거래소
런던 증권 거래소
나스닥 증권 거래소
상하이 증권 거래소
도쿄 증권 거래소

주식을 상장하면, 기업을 나누어서 소유하게 된 사람들은 유한 책임을 지게 되지요. (27쪽을 보세요.) 주식을 상장한 기업은 '**공개 회사**', '**공개 유한 회사**' 또는 '**법인**'이라고 불러요. 세계 최고의 대기업들은 대부분 주식을 상장한 회사들이랍니다.

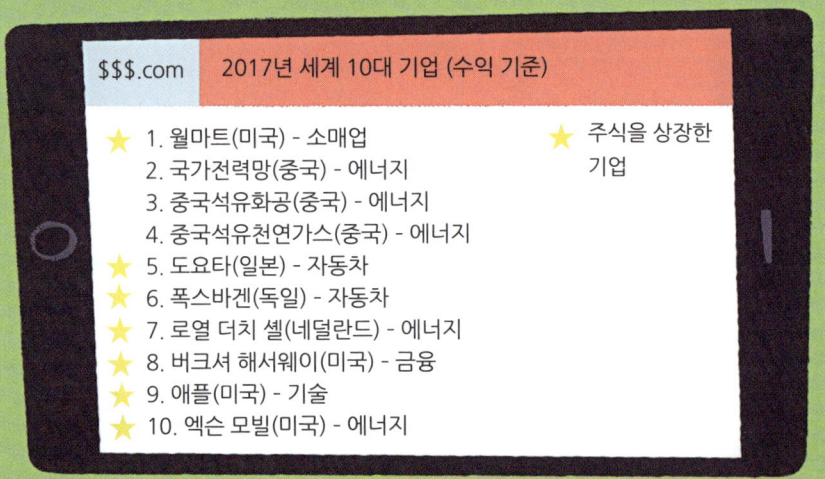

$$$.com 2017년 세계 10대 기업 (수익 기준)

★ 1. 월마트(미국) - 소매업
2. 국가전력망(중국) - 에너지
3. 중국석유화공(중국) - 에너지
4. 중국석유천연가스(중국) - 에너지
★ 5. 도요타(일본) - 자동차
★ 6. 폭스바겐(독일) - 자동차
★ 7. 로열 더치 셸(네덜란드) - 에너지
★ 8. 버크셔 해서웨이(미국) - 금융
★ 9. 애플(미국) - 기술
★ 10. 엑슨 모빌(미국) - 에너지

★ 주식을 상장한 기업

그러나 주식을 상장한다고 해서 작은 기업이 곧바로 거대해지는 것은 아니에요. 사람들이 그 회사의 주식을 사고 싶게 만들려면, 먼저 기업이 어느 정도 크기가 되어야 하고 사업을 안정적으로 해야 해요.

상장을 할까요, 말까요?

기업이 주식을 상장해서 증권 거래소에서 주식을 사고팔 수 있게 되면 회사의 정보를 공개해야 해요. 그 밖에 기업이 져야 할 의무를 살펴보세요.

| 다른 기업에 회사를 넘길 계획이 있다면 미리 밝혀야 해요. | 새로운 상품을 출시하게 되면 미리 알려야 해요. | 일 년에 몇 번씩 이익과 손실을 보고해야 해요. |

이런 정보는 그 회사의 경쟁 업체에게 알려질 수도 있어요. 주식 상장의 부정적인 측면이라고 할 수 있지요. 그래서 아주 큰 기업 중에도 상장을 하지 않는 경우가 있답니다.

기업의 가치는 얼마인가요?

기업이 상장되면, 누구나 인터넷으로 주식의 가격, 즉 **주가**를 확인할 수 있어요. 많은 사람이 그 기업의 주식을 사고 싶어 하면 주가는 올라가지요. 반대로 그 주식을 갖고 있는 주주들 중 많은 사람이 그 주식을 팔고 싶어 하면 주가는 내려가요.

주가는 그 회사가 얼마나 잘 돌아가는지를 보여 주는 신호가 되기도 해요. 주가가 오르면 사업을 해 나가는 데 도움이 돼요.

 기업의 평판이 높아져요.

 개인 투자자를 모으기 쉬워요.

 회사의 인지도가 올라가 상품 판매에 도움이 돼요.

 은행에서 대출을 받기가 쉬워져요.

하지만 주가가 내려가면 반대되는 상황이 벌어져요.
주주들은 주가가 내려가는 것을 싫어해요. 주가가 떨어져서 불만이 커지면 주주들은 경영진, 즉 회사를 경영하는 사람들을 바꾸라고 요구할 수도 있어요. 그래서 경영진은 주주를 만족시키는 일을 하는 것을 중요하게 생각해요.

사회적 물의를 일으키면

기업이 사회적으로 문제를 일으키면 대개 주가가 떨어져요. 예를 들어, 2018년에 페이스북의 회원 정보가 유출되었다는 소식이 전해지자 페이스북의 주가가 곤두박질쳤어요. 페이스북은 정보 유출과 주가 하락으로 평판이 크게 나빠졌지요.

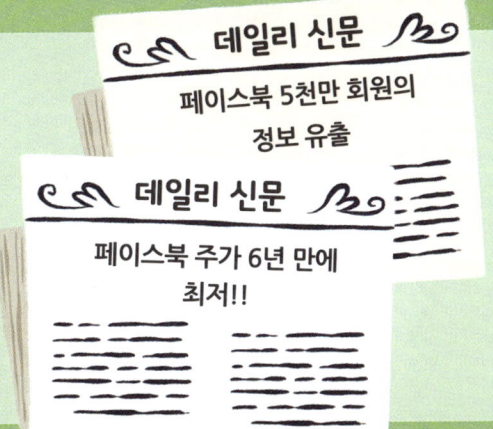

너무 커서 운영이 힘든가요?

회사가 커지면 오히려 좋지 않은 점도 있어요. 회사에서 일어나는 일을 일일이 파악하기 어려워질 수도 있지요.
예를 들면 다음과 같은 일이 생길 수 있어요.

수천 명의 직원과 효과적으로 의사소통하기가 어려워요.

저기, 아래층에 계시는 분, 주말 잘 보냈어요?

잘 지냈어요. 그런데 누구시죠?

회사가 커지면 쓸데없는 일에 시간과 돈이 쓰여 낭비가 많아질 수도 있어요.

탁구실 설치를 승인해 준 관리자가 누구야?

큰 회사의 직원들은 노력을 제대로 인정받지 못한다거나 외톨이가 되었다고 느끼기 쉬워요. 그러면 생산성도 떨어지지요.

열심히 일한다고 누가 알아줘? 괜히 애쓸 필요 없어.

공급 업체가 많아서 관리하기가 힘들어요.

지난주에 쓸 재료였다고요!

아, 미안해요.

너무 커서 공정할 수 없나요?

기업이 점점 커지다 보면, 어떤 상품을 공급하는 단 하나밖에 없는 회사가 되기도 해요. 이런 일을 **'독점'**이라고 해요. 독점 기업의 문제는 힘이 너무 세다는 거예요. 예를 들어, 우유 공급을 독점한 회사는 우윳값을 마음대로 높게 매길 수 있어요. 반대로 목장에서 아주 낮은 값에 우유를 사 올 수 있으니까 이익을 많이 챙길 수 있지요.

그래서 대부분의 나라에서는 독점을 법으로 금지해요.

성장은 무조건 좋은가요?

기업을 성장시키는 데는 돈과 시간, 노력이 들어요. 그래서 사업가들은 성장으로 얻는 결과가 그만한 비용을 들일 가치가 있는 일인지 잘 판단해야 해요.

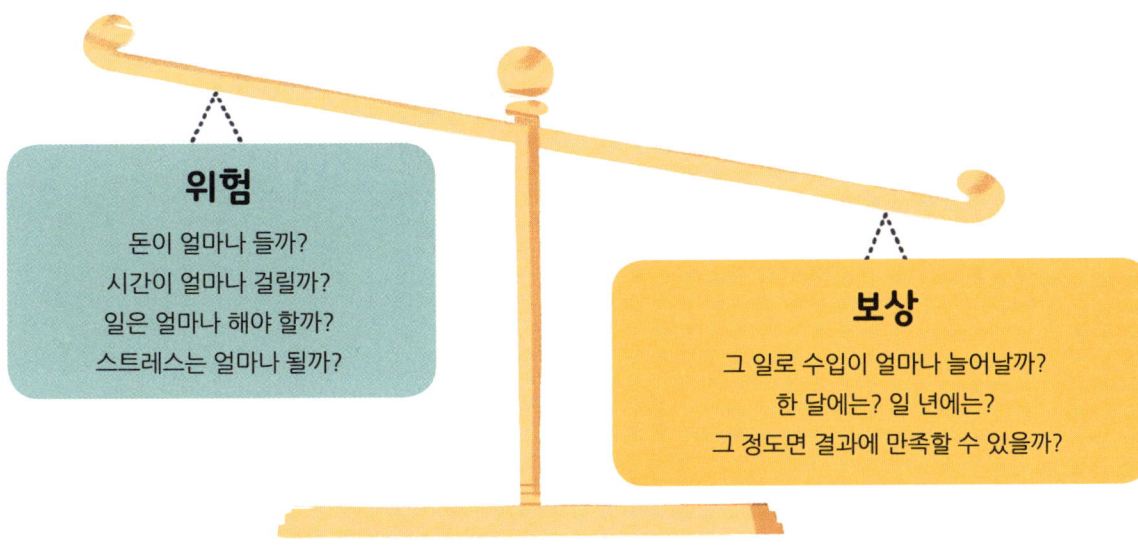

어떤 사업가는 그동안 추구했던 방식을 바꾸는 것을 좋아하지 않기 때문에 기업을 더 키우지 않기로 결정하기도 해요. 이것도 좋은 결정일 수 있어요.

너무 커서 망하지 않는다고요?

어떤 기업이 엄청나게 커지면, 일자리를 얻고 거래를 한 수많은 사람과 회사들이 그 기업에 의지하게 돼요. 기업이 망하게 되면 큰일이 나겠지요. 만일 큰 기업이 망하더라도, 사람들의 일자리와 다른 회사들을 지킬 수 있도록 정부가 기업에 돈을 빌려주기도 해요.

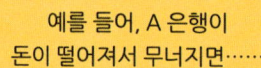

예를 들어, A 은행이 돈이 떨어져서 무너지면……

고객들이 은행에 맡긴 돈을 잃게 돼요.

돈을 잃는 바람에 우리 회사가 문을 닫았어.

회사가 문을 닫아서 나는 일자리를 잃었어.

내 돈을 다 날렸어. 집을 사려고 B 은행에서 돈을 빌렸는데 그 돈을 갚을 수가 없어.

더 많은 사람이 일자리와 저축한 돈을 잃고, 다른 은행의 대출을 갚지 못하게 돼요.

더 많은 기업이 문을 닫아요.

아악, 이 악순환의 고리를 끊어야 해!

결국 B 은행도 돈이 다 떨어져서 무너지게 돼요.

B 은행에 돈이 떨어져 간다는 소문이 돌아서 그 전에 미리 돈을 찾아가려고 줄을 서 있어.

사람들이 대출을 갚지 못하면 B 은행도 돈이 떨어지기 시작해요.

은행 위기

2008년에 미국과 유럽의 많은 은행이 위험한 경영을 했어요. 그 결과 막대한 손해를 보고 은행들이 무너질 위기에 몰렸지요. 여러 나라의 정부가 이 악순환의 고리를 끊기 위해 뛰어들었어요.

실제 사례

당신네 회사가 경영을 잘못해서 이런 위기가 왔어요. 하지만 더 안 좋은 일이 생길까 봐 걱정되니까 일단 구해 줄게요. 잊지 말고 갚아요!

그럼요, 고마워요.

하지만 많은 국민들이 정부의 돈으로 은행을 살리는 일에 반대했어요.

우리 세금을 그들에게 쓰지 말라

누구 돈인가? 우리 돈이다!

은행들이 잘나갈 때 우리에게 한 푼이라도 준 적이 있나? 그런데 왜 은행이 흔들릴 때는 우리 돈을 쓰는 거지?

불공평해! 우리 회사가 망했을 때는 아무런 도움도 없었는데!

세금으로 구제 받는다는 걸 알면 은행들은 앞으로 경영을 더 함부로 할 거야.

너무 커서 그냥 망하게 둘 수 없다면, 정말로 너무 큰 거야! 은행을 작게 쪼개라!

은행에겐 **혜택**
우리에겐 **배신**

옳은 판단이었을까?

각 나라는 은행도 구하고 고객이 맡긴 돈도 지켰지만, 많은 나라가 **경기 침체**에 빠졌어요. 상품이 팔리지 않고, 사람들이 일자리를 잃고, 나라 전체가 더 가난해진 것이지요. 그러나 정부가 아무것도 하지 않았다면 훨씬 더 나빠졌을 거라고 생각하는 사람도 많아요.

이후, 각 정부는 은행들이 모험을 하지 않도록 은행 사업에 대한 규칙을 더 엄격하게 만들었어요.

제7장
기업이 더 고민해야 할 것들

　이제 사업을 어떻게 하는지, 기업이 어떻게 돌아가는지에 대해 많은 것을 알게 되었어요. 하지만 사업이 성공할지에 대해서는 쉽게 알기 어려워요. 사업에 영향을 미치는 요인들이 많고 예측하기 어렵거든요. **경제 상황**(경기)이나 **정부** 외에도 날씨와 같이 누구도 손쓸 수 없는 요인도 있어요.

　제7장에서는 사업에 영향을 주는 몇 가지 요인들을 알아보고, 각 요인에 적응하며 사업을 경영하는 방법을 살펴볼 거예요.

사업하기 쉬운 환경인가요?

회사나 사업체를 차리고 사업을 하는 방식은 나라마다 달라요. 어떤 나라는 사업을 시작하기까지 시간이 오래 걸리고, 또 어떤 나라는 비용이 많이 들어요. 아예 자유로운 사업이 불가능한 나라도 있어요.

사업을 하는 데 필요하고 도움이 되는 환경은 다음과 같아요.

사회 기반 시설

도로, 전기, 학교 같은 것을 '**사회 기반 시설**'이라고 해요. 이런 게 없으면 기업이 상품을 전국에 유통시키기도 어렵고, 인터넷도 할 수 없고, 숙련된 노동자를 구하기도 힘들어요. 사회 기반 시설은 대개 정부가 관리하는데, 세금을 걷어서 비용으로 써요. (58쪽을 보세요.)

재산권

기업이 자기 물건에 대한 권리인 **재산권**을 보호받을 수 있어야 기업들은 공정하게 경쟁할 수 있어요. 재산권에는 재화뿐 아니라 아이디어도 포함돼요.

대부분의 나라에서는 다른 사람의 발명품이나 아이디어를 훔치거나 베끼는 일, 허락 없이 파는 일을 법으로 금지하고 있어요.

사업을 하는 데 걸림돌이 되는 환경도 있어요.

부패

기업인과 정치인들이 권력과 돈을 위해서 부당한 일을 할 때가 있어요. 이것을 '**부패**'라고 해요. 부패는 특정 기업들에게만 불공정한 혜택을 주기 때문에 각 나라의 정부는 여러 가지 규칙을 만들어서 이를 막으려고 해요. 부패는 여러 가지 형태로 나타나는데, 아래와 같은 것들이 있어요.

협박을 하거나 폭력을 써서 사업을 방해하거나 돈을 뜯어내는 일을 '**갈취**'라고 해요. 심하면 아예 경쟁 기업을 망하게 할 수도 있어요.

정부의 공무원이 자기 사업을 하면 '**이해의 충돌**'이 생길 수 있어요. 정부의 관점에서 좋은 것과 사업가로서 좋은 것이 상반되어, 공정한 결정을 내리기 힘들겠지요.

일 처리를 빨리 해 달라는 등, 특혜를 요구하며 돈을 주는 것을 '**뇌물**'이라고 해요.

흠! 2025년에 새 기차역이 생기는군. 그 옆에 우리 회사 지점을 내야겠다.

번거로운 절차

정부는 기업들이 고객을 속이지 못하도록 여러 가지 규칙을 만들어요. 하지만 규칙과 규제가 너무 많으면 기업 활동이 어려워질 수도 있어요. 예를 들어, 기업이 서류를 작성하고 허가를 얻는 데 너무 많은 시간을 들여야 하면 계획대로 사업을 할 수 없을 거예요.

정부의 역할

많은 나라에서 기업은 사회 기반 시설이나 재산권 같은 기본적인 일들은 걱정하지 않아요. 정부가 뒤에서 조용히 기업 활동을 도와주기 때문이에요. 하지만 때로는 정부가 기업 활동을 더 어렵게 만들기도 해요. 꼭 필요하지 않은 불필요한 절차를 요구하는 일 등이 그렇지요.
그래서 국민들은 선거할 때 어느 정당이 기업 활동을 돕는지, 가로막는지를 따져 본 다음 투표를 해요.

수요와 공급

기업의 성공과 실패는 돈을 버는 능력에 달려 있어요. 그리고 기업의 매출(수익)은 기업이 시장에 내놓는 상품의 양(**공급**)과 고객들이 사고자 하는 양(**수요**)에 따라 달라져요. 수요와 공급은 다음과 같은 방식으로 가격에 영향을 미쳐요.

공급이 적으면, 기업은 가격을 높일 수 있어요.

희귀 난초 한정 판매
35,000원

수요가 많으면, 기업은 가격을 높일 수 있어요.

어버이날 선물용
아마릴리스꽃 15,000원

공급이 많으면, 가격을 낮추어야 물건이 팔려요.

수요가 적으면, 기업은 고객을 끌어들이기 위해 가격을 낮추어야 해요.

제철 알뿌리 화초
송이당 2,900원

조금 덜 핀 꽃 반값!
송이당 3,900원

수요와 공급은 관리하기가 까다로워요. 많은 요인들이 영향을 미치기 때문이죠.
트리샤는 다음과 같은 일들에 잘 대처해야 해요.

날씨
강추위에 꽃이 얼어 죽어서 공급이 줄어들 수 있어요.

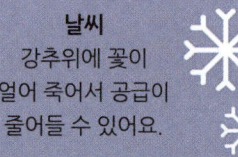

나는 항상 수요과 공급의 변화를 예측하려고 노력해. 그에 따라서 가게에 둘 재고량과 가격을 계속 조정하지.

유행
유명인이 어떤 꽃을 들고 사진을 찍어서 인기를 끌면 수요가 늘어나요.

경쟁
경쟁자가 가격을 낮추면 트리샤의 꽃이 비싸게 느껴져요. 그러면 트리샤네 꽃을 사려는 수요가 줄어들어요.

기름 값
기름 값이 오르면 트리샤는 배달비를 올려야 하고, 그러면 수요가 줄어들어요.

활발한 경제와 침체된 경제

한 나라의 **경제**는 사람들이 만들고, 팔고, 사는 모든 것으로 이루어져요. 경제가 활발하게 돌아가는지 또는 경제가 침체되었는지에 따라, 각 기업의 수요와 공급도 크게 영향을 받아요. 경제 형편에 따라 사람들의 씀씀이가 어떻게 달라지는지 살펴보세요.

경기 침체

경제가 6개월 이상 잘 돌아가지 않는 것을 '**경기 침체**'라고 해요. 그러나 이럴 때도 모든 기업이 다 침체되는 것은 아니에요. 저렴한 가격에 물건을 파는 슈퍼마켓은 더 잘될 수도 있어요. 정부와 중앙은행은 경기 침체를 막기 위해, 또 나라가 경기 침체에서 벗어날 수 있도록 노력해요.

기업이 문제를 일으킬 때

지역 사회에 나쁜 영향을 미치는 기업이 생기기도 해요. 이런 기업이 일으킨 문제들 중 어떤 것들은 자연스럽게 해결될 수도 있어요.

수요가 줄어들면 기업은 그 원인을 알아내기 위해 노력해요. 다행히 사정이 더 나빠지기 전에 자신들의 상품을 개선하기도 해요. 하지만 문제가 복잡해서 정부가 개입해야 하는 경우도 있어요.

문제가 소비자와 관련이 없는 문제라면, 수요와 공급만으로 문제를 해결할 수 없어요. 이것을 '**시장의 실패**'라고 해요. 이런 경우 정부가 끼어들어야 하지요. 예를 들면, 정부가 나이트클럽에 주거지에서 나갈 것을 명령할 수 있어요.

때로 정부가 나서서 기업이 소비자나 사회에 이로운 것을 생산하도록 장려하기도 해요.

정부의 대응 수단

'시장의 실패'의 또 다른 사례로 환경 오염을 들 수 있어요. 환경 오염은 그 문제를 일으키는 상품 공급 업체와 그 상품의 소비자만의 문제가 아니에요. 사회 전체가 고통을 겪지요. 정부는 법을 만드는 일뿐 아니라 아래와 같은 수단을 써서 환경 문제에 대응할 수 있어요.

세금 조정

정부는 기름을 많이 쓰는 자동차에 세금을 매길 수 있어요. 그러면 차가 비싸져서 사람들이 그런 자동차를 덜 사게 되지요.

반대로 전기 자동차는 세금을 깎아 줘서, 사람들이 공해를 덜 일으키는 자동차를 사도록 권장할 수 있어요.

소유권

강은 누구의 소유도 아니에요. 그래서 누구도 강을 돌보지 않아요.

정부는 환경부 등 직속 기관에 강물의 소유자처럼 행동할 권한을 주기도 해요. 해당 기관은 강물을 책임지고 감시하고, 오염을 일으키는 이에게 벌금을 매겨요.

정보 제공

소비자는 여러 상품들 가운데 어떤 게 더 해로운지 잘 알 수 없을 때가 많아요.

어느 과일이 더 친환경적인지 모르겠네.

이럴 때 도움을 주기 위해서 정부는 상표에 원산지 등 더 많은 정보를 싣게 할 수 있어요.

세계적인 합의

환경 오염은 전 세계적인 문제예요. 모든 나라에 영향을 미치기 때문이에요. 게다가 오염을 일으키는 기업이 여러 나라에서 활동하는 일도 많아요. 그래서 세계 각국 정부는 문제 해결을 위해서 협력해야 해요. 하지만 여러 나라가 합의하는 게 쉬운 일은 아니에요.

오염을 가장 많이 일으키는 부유한 나라들이 오염 물질을 가장 많이 줄여야 해요. 모두 동의하시지요?

말도 안 돼요! 부유한 나라도 경제 활동을 하려면 여전히 공장이 필요해요. 그게 오염을 일으켜도요. 오염 물질은 모두가 똑같이 줄여야 해요.

가난한 나라는 가난을 벗어나기 위해 공장을 돌려야 해요.

제발 좀!

금융(돈) 비용

기업과 소비자는 은행에서 돈을 빌릴 때가 많아요. 그럴 땐 돈을 빌리는 값을 치러야 하지요. 은행도 기업이고, 돈을 빌려주는 것이 은행이 파는 서비스니까요. 돈을 빌리고 빌린 돈에 대해 더 내는 값을 '**이자**'라고 하고, 이자의 크기는 **이자율**로 나타내요. 이자율도 다른 물건들과 마찬가지로 가격이 늘 변해요. 아래 예를 살펴보아요.

 대출금    이자   합계 = 1억 1,000만 원

이자율이 변할 때

한 나라의 기준이 되는 이자율을 '기준 금리'라고 해요. 금리는 이자율과 같은 말이에요. 기준 금리는 대체로 나라의 중앙은행에서 결정하는데, 매년 몇 차례씩 이자율을 올리거나 내리지요. 중앙은행에서 돈을 빌리는 다른 은행들도 거기에 따라서 자기 은행의 이자율을 조정해요.

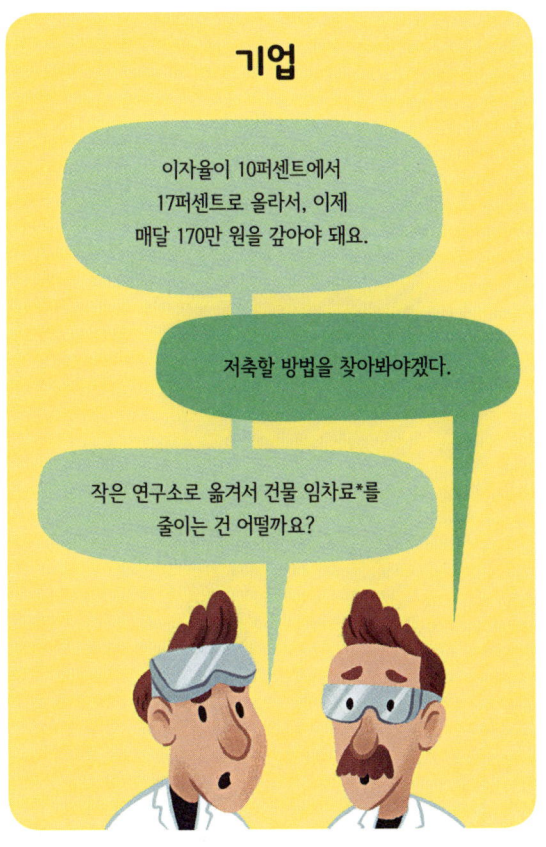

기업

이자율이 10퍼센트에서 17퍼센트로 올라서, 이제 매달 170만 원을 갚아야 돼요.

저축할 방법을 찾아봐야겠다.

작은 연구소로 옮겨서 건물 임차료*를 줄이는 건 어떨까요?

소비자

소비자도 집이나 자동차처럼 비싼 물건을 살 때는 은행에서 돈을 빌려요. 이자율이 올라가면 은행에 갚아야 할 돈도 늘어나요. 돈을 모으기 위해서는, 비싼 물건을 사거나 불필요한 데 나가는 지출을 줄여야 해요.

명품 가방

휴가

새 자동차

결국 이자율이 올라가면, 사치품을 파는 기업은 판매가 줄어들 수 있어요.

정부와 중앙은행이 이유 없이 이자율을 바꾸는 건 아니에요. 정부와 중앙은행은 경제가 계속 잘 돌아가게 하기 위해, 또 경제가 침체에서 벗어나게 하려고 이자율을 조정해요. (113쪽을 보세요.) 기업은 가까운 미래에 기업에게 영향을 미칠 일들, 특히 이자율 변동 같은 소식에 주의를 기울여야 해요.

*임차료는 남의 물건을 빌려 쓰는 대가로 내는 돈이에요.

신기술의 힘

과학의 발달로 새로운 기술이 생겨나고 있어요. 신기술은 기업에도 영향을 미쳐요. 기업은 신기술을 이용해 신상품을 만들거나 새로운 사업 방식을 개발하기도 해요.
신기술을 이용해 사업을 발전시킨 예를 아래에서 살펴보세요.

DNA와 데이터

DNA는 사람 몸속에 있는 물질로, 개개인의 몸을 만드는 '암호 지침'을 담고 있어요. 과학자들은 비싼 돈을 들이지 않고도 개인의 DNA 암호를 읽을 수 있는 방법을 개발했어요. 그러자 온갖 종류의 새로운 사업이 만들어졌어요.

실제 사례

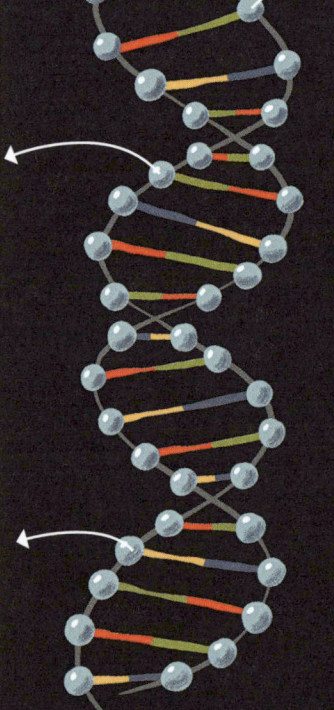

DNA핏
이 회사는 고객들의 DNA에 기초해서 식단과 운동 방법을 알려 줘요.

23앤드미
이 회사는 고객들의 DNA를 분석해서 사람마다 특히 어떤 질병에 걸릴 위험이 있는지 알려 줘요.

앤세스트리DNA
이 회사는 고객들의 DNA로 서로 친척이 되는지 확인해 주고, 먼 옛날 조상들이 어디서 왔는지도 알려 줘요.

이들 기업은 고객의 허락을 받아서, 자신들이 발견한 내용을 DNA 연구자들에게 알려 줄 수 있어요. 그러면 새로운 과학적 발견이 일어나서 새로운 사업이 생길 수 있어요.

신기술에 따른 새로운 문제

신기술은 때로 우리에게 중대한 질문을 던지기도 해요. 예를 들어, 사람의 DNA를 바꿀 수 있다면 부모가 더 똑똑하고 예쁜 아이를 얻기 위해 아이의 DNA를 바꿔도 되는 걸까요?

기계가 사람을 대신하게 되면

사람이 하던 일, 또는 사람이 할 수 없는 일을 기계가 대신하는 것을 '**자동화**'라고 해요. 기업에서 자동화를 하면 직원을 덜 고용해서 비용을 더 줄일 수 있어요. 기계는 사람과 달리 임금과 퇴직금, 휴가 등을 줄 필요가 없으니까요.

아래 피자 회사는 생산 과정을 자동화 했어요. 그 결과 피자를 생산하는 일이……

더 싸지고,
(이 소프트웨어를 사용하면, 전화 주문을 받는 직원을 두는 것보다 비용이 덜 들어요.)

더 빨라지고,

불량도 줄었어요.

이 때문에 사람들은 일자리를 잃었어요. 실업자가 생기면 기업과 정부는 실업자를 다시 교육시켜서 새 일자리를 찾게 도와주어야 해요.

한편, 자동화가 사람들의 일자리를 새로 만들기도 해요.

나는 피자 회사가 주문받을 때 쓰는 소프트웨어를 설계했어.

나는 피자를 만드는 로봇 팔을 수리하고 관리하지.

또한 기계는 사람이 해야 하는 모든 과정을 다 하기보다는 특정 과제만 할 때가 많아요.

현금 지급기
나는 돈을 내주는 일만 해.

나는 돈을 내주는 일도 했지만, 이제 그 일은 현금 지급기가 해.

그래도 일자리를 잃지는 않았어. 지금은 사람들이 돈을 잘 모으고 잘 쓰고 미래를 준비할 수 있도록 재무 관리를 도와주는 일을 주로 해. 이 일이 더 재미있어.

자동화 기술이 늘어나면 과연 사람들의 일자리가 줄게 될지는 아직 확실하지 않아요. 사람들은 여전히 온갖 종류의 일에서 기계보다 뛰어나거든요. 노래를 작곡하는 일이나 법정에서 피해자를 변호하는 일, 고객과 개인적인 친분을 쌓는 일뿐 아니라, 책을 서가에 꽂는 것 같은 섬세한 일들은 사람이 더 잘해요.

무엇을, 어떻게 할까요?

이제 여러분은 사업이 뭔지, 기업들이 어떻게 세상에 적응하고 소비자들의 요구에 반응하는지 알게 되었을 거예요.

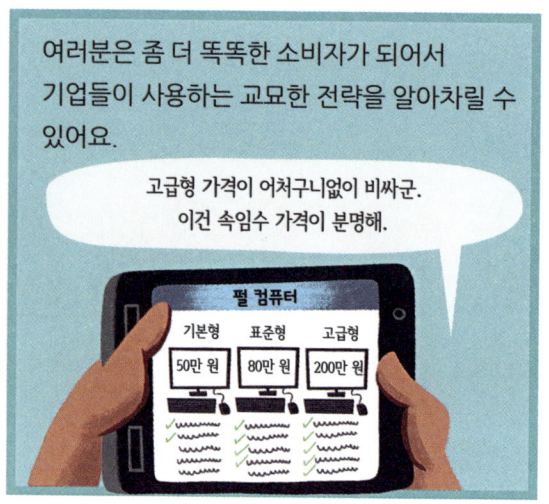

사업을 하고 싶은 사람이라면 사업을 시작하는 데 필요한 정보도 알게 되었을 거예요. 그래도 아직 불안하다면 아래의 내용을 기억하세요.

큰 모험을 할 필요는 없어요. 처음에는 소규모로 시작해서 아이디어를 테스트해 보면서 현실에 맞게 계획을 세워 나가요.

잡지가 잘 팔리지 않는다는 걸 알게 되었을 때 나는 잡지를 만드는 비용을 줄였어.

첫 사업이 뜻대로 풀리지 않아도 괜찮아요. 실패에서 배울 수 있으니까요. 62쪽에서 본 토머스 에디슨의 이야기를 잊지 마세요.

무수한 사업 아이디어가 실패로 돌아갔지만, 나는 결국 전구로 대성공을 거두었지!

사업을 하고 싶은 사람은 다음과 같은 일을 시도해 볼 수 있어요.

- 사업에 관심 있는 사람들에게 각종 지원과 교육을 해 주는 프로그램에 가입해요. 이런 프로그램은 흔히 '창업 지원'이라는 이름을 달고 있어요. 학교나 여러분이 사는 지역에 있는지 인터넷으로 검색해 보세요.

- 주위 사람들이 필요로 하는 서비스를 제공하고 돈을 받아 보세요.

- 친구나 가족에게 팔아 보세요.

- 단순한 것을 만들어 팔아 보세요. 열쇠고리, 귀고리 등 어떤 것이라도 괜찮아요.

- 벼룩시장을 운영해 보세요.

- 온라인 몰을 열어 보세요.

- 지역의 사업가를 만나서 회사 운영 방법에 대해 이야기를 들어 보세요.

- 신문 경제 기사를 읽으며, 왜 어떤 기업은 성공하고 어떤 기업은 실패하는지 생각해 보세요.

낱말 풀이

다음은 이 책에 나온 주요한 단어들의 뜻을 설명한 거예요. 흔히 쓰는 말도 경제 용어일 때는 뜻이 조금 달라질 수 있어요. 이탤릭체로 쓰인 단어는 <낱말 풀이> 안에서 뜻을 설명하고 있답니다.

가격 책정 상품의 가격을 결정하는 일이에요.

개인 사업자 기업의 유일한 소유주로, 모든 *이익*을 다 갖고, 손해에 대해서도 모든 *책임*을 지는 사람이에요.

경영 사업이나 회사를 관리하고 운영하는 일로, 그 일을 하는 사람을 '경영자'라고 불러요.

경쟁 기업 서로 고객을 끌어당기기 위해 다투는 기업을 가리키는 말이에요.

고객 상품을 사는 사람으로, 자신이 직접 그 상품을 사용하지 않을 수도 있어요.

고용 다양성 출신과 관점이 다른 사람들을 고용해서 함께 일하도록 하는 것이에요.

고용주 다른 사람에게 비용을 주고 일을 시키는 사람을 가리키는 말이에요.

공공 서비스 예를 들어 도로처럼, 보통의 기업이 아닌 정부가 모든 사람을 위해 공급하는 거예요.

공급 사슬 한 기업이 *재화*나 *서비스*를 생산하기 위해 의지하는 기업들의 집단을 말해요.

관리자 기업에서 다른 직원들을 통솔하는 직원이에요.

광고 TV나 포스터 등을 통해서 사람들에게 상품을 알리는 일이에요. 기업은 대개 돈을 주고 이러한 *프로모션*을 해요.

노동자의 권리 기업에서 종업원들이 가진 권리로, 노동조합을 결성할 권리를 포함해요.

노동조합 종업원들이 가입하는 단체로서, 고용주에게 노동 환경 개선을 요구하기도 해요.

대출금 기업이나 개인이 빌리는 돈으로, 나중에 갚아야 해요.

데이터 사람들과 그 사람들이 구매한 상품에 대한 정보예요. 어떤 기업은 돈이 아니라 데이터를 받는 대가로 *서비스*를 제공하기도 해요.

도매상 많은 양의 *재화*를 주로 소매상에 파는 사업체예요.

독점 기업 어떤 *재화*나 *서비스*를 하나의 기업이 유일하게 공급하는 것을 말해요.

마진 상품을 팔 때 덧붙이는 금액이에요.

마케팅 기업이 교묘한 *가격 책정*이나 *프로모션* 등을 통해서 사람들에게 자신의 상품을 사라고 설득하는 일이에요.

무한 책임 기업 소유주들이 *채권자*에게 돈을 갚을 책임이 있다는 말이에요.

브랜드 기업의 개성을 표현하는 수단으로, 이름에서 포장지까지 모든 것에서 표현해요.

비용 기업이 *재화*나 *서비스*를 만들고 팔기 위해 쓰는 돈이에요.

사업가 자신의 기업을 창업하거나 운영하는 사람이에요.

사업 계획서 사업에 대해 자세히 설명한 문서로서, 대체로 투자자들에게서 돈을 모을 목적으로 작성해요.

상품 기업이 파는 것이에요. 재화일 수도 있고, 서비스일 수도 있지요. 상품 중에서도 원재료를 사 와서 만들어 낸 물건을 '제품'이라고 불러요.

생산 판매를 목적으로 재화나 서비스를 만드는 일이에요.

서비스 사람들에게 돈을 받고 해 주는 일로, 예를 들어 청소도 서비스가 될 수 있어요.

성장 기업이 더 커져서 더 많은 물건을 생산하고 더 많은 종업원을 고용하는 일을 말해요.

세금 개인이나 기업이 정부에 내는 돈으로, 공공 서비스에 써요.

소매상 재화를 소비자에게 파는 사업체로, 슈퍼마켓 등이 있어요.

소비자 재화 또는 서비스를 실제로 사용하는 사람으로, 고객과 일치하지 않을 수도 있어요.

수익 기업이 상품을 판매해서 버는 돈으로, 매출이라고도 해요.

수입 다른 나라의 재화를 들여다가 파는 일로, 수출의 반대예요.

수출 다른 나라에 재화나 서비스를 내다 파는 일로, 수입의 반대예요.

시장 기업의 상품을 살 수 있는 가능성이 있는 잠재적 고객을 묶어서 이르는 말이에요.

시장 조사 기업이 겨냥하는 시장에서 무엇을 원하고, 원하지 않는지 알아내는 일이에요.

신생 창업 기업 새로 시작하는 기업으로, 아직 팔 상품이 없는 기업도 있어요. '스타트업'이라고 부르기도 해요.

유니콘 기업 1조 원 이상의 가치가 있는 신생 창업 기업을 부르는 말이에요.

유한 책임 기업의 소유주들에게는 채권자에게 빚을 갚아야 할 의무가 없고, 기업에만 그 책임이 있다는 의미예요.

윤리 경영 사업을 할 때 지역 사회와 환경을 보호하는 데에도 시간과 돈을 들이는 거예요.

이사회 기업 활동의 경험이 많고 주주들에게 뽑힌 이사들로 이루어져요. 기업의 운영을 감독하고 CEO를 채용하거나 해고하는 등의 일을 해요.

이익 기업의 수익에서 비용을 빼고 나서 남는 돈이에요.

이자 돈을 빌렸다가 갚을 때 대출금에 덧붙여서 주는 돈이에요.

이자율 대출금(빌린 돈)과 이자의 비율을 말해요.

임금 노동자가 일을 한 대가로 받는 돈을 말해요.

자금 기업을 창업하거나 성장시키는 데 필요한 돈이에요.

재화 기업이 만들거나 판매하는 상품 중에서 물질적인 형태가 있는 것을 말해요.

제품 기업에서 원재료를 써서 만들어 낸 물건을 말해요.

종업원 기업에서 임금을 받으며 일을 하지만, 기업을 책임지지는 않는 사람이에요.

주식 주식회사의 자본을 이루는 단위로, 회사에 대한 권리가 있음을 나타내요.
　주식회사 주식을 발행해서 여러 사람에게 돈을 받아 만든 회사를 말해요.

주주 기업의 주식을 소유한 사람으로, *이익*의 일부를 받을 수 있어요.

지속 가능한 생산 기업이 환경을 해치지 않는 생산 방식을 채택하는 거예요.

지원금 기업을 돕기 위해 주는 돈으로, 갚지 않아도 되는 경우가 많아요.

직원 *관리자*와 함께 기업에서 일하는 사람이에요.

채권자 다른 기업에 돈을 빌려준 사람이나 기업이에요.

채용 기업이 새 직원을 들이는 일이에요.

청산 파산한 기업의 물품을 팔아서 *채권자*의 돈을 갚는 등의 일을 하는 것을 말해요.

초소형 기업 직원이 10명 이하인 아주 작은 기업이에요.

투자 기업이 나중에 *이익*을 올리기를 기대하고 기업에 돈을 대 주는 일이에요.

투자자 기업에 투자를 하는 사람이나 기업 또는 조직이에요.

파산 빚을 갚을 수 없게 된 사람이 *채권자*들의 돈을 갚기 위해 가진 것을 모두 팔아 나누어 주는 절차예요.

프랜차이즈 이미 사업을 하고 있는 기업에 돈을 내고 그 사업 모델을 사용하는 일이에요.

프로모션 판매를 많이 하기 위해 사람들에게 상품에 대해 알리는 일이에요.

해고 *관리자*나 사장이 종업원에게 회사를 그만두라고 하는 거예요.

현금 흐름 기업에서 규칙적으로 들어오고 나가는 돈의 흐름이에요.

홍보 TV에 나오게 하는 등 기업이나 기업이 하는 일을 널리 알리는 일로, PR(피아르)라고도 해요.

회계 기업의 *비용*과 수익(매출)을 적어 놓은 기록이에요.

회계사 기업에서 돈을 받고 그 기업 회계가 잘 되어 있는지를 확인하는 전문가예요.

효율성 고품질의 상품을 빠르고 저렴하게 만드는 거예요.

CEO 최고 경영자(Chief Executive Officer)를 줄여서 부르는 말이에요. 기업의 모든 활동을 책임지는 가장 높은 직책으로, '사장'이라고도 해요.

찾아보기

ㄱ
가격 19, 21, 31, 34~35, 38~39, 45, 48, 49, 55, 59, 68, 91, 95, 96, 103, 105, 112, 113, 116, 120
가격 책정의 기술 38~39
개인 사업자 26, 27, 64
경기 침체 107, 113
경영자 60, 67, 68, 71, 76, 77, 81
경쟁 13, 15, 18~19, 20, 31, 42, 88, 96, 99, 101, 103, 110, 111, 112
  경쟁자 18, 20, 21, 24, 35, 63, 98, 112
경제 109, 113, 115, 117, 121
계획적 진부화 91
고객 16, 18, 19, 20, 21, 25, 28, 31, 32, 33, 34, 38, 39, 40, 42, 43, 44, 45, 46, 49, 57, 61, 65, 67, 69, 70, 72, 74, 78~79, 80, 83, 84, 87, 88, 90, 91, 92, 96, 97, 98, 99, 100, 105, 106, 107, 111, 112, 118, 119, 120
고객 서비스 19
고용의 다양성 72
공공 서비스 58~59
공급 사슬 86~87, 97
공급 업체 9, 57, 65, 86, 95, 96, 97, 104, 114, 115
관리자 29, 60, 67, 69, 75, 104
광고 22, 44, 45, 47, 48, 49, 55, 79
구글 20
규모의 경제 96, 97
기업 상장 102~103

ㄴ
낭비 43, 88, 104
노동자의 권리 76
노동조합 76, 77

ㄷ
다각화 97
대기업 4, 102
대출 22, 57, 103, 106, 116
데이터 46~47, 74, 118
도매상 36~37
도요타 88, 89, 102
독일 63, 90, 102
독점 105

ㄹ
러쉬 93
로고 40, 41
로봇 119

ㅁ
마인드맵 14~15
마진 34, 35, 37
마케팅 31, 38, 42~45, 48, 49, 68, 71
매출 26, 52, 54, 64, 68, 112
무한 책임 27
미국 11, 48, 49, 62, 76, 86, 102, 107

ㅂ
법 11, 19, 28, 29, 43, 48, 49, 53, 60, 61, 76, 77, 79, 105, 110, 115
법인 102
벤치마킹 89
불리박스 11
브랜드 31, 40~41
비영리 27
비용 25, 34, 52~57, 64, 83, 88, 95, 96, 97, 105, 110, 114, 116, 119, 121
비윤리적 28, 48, 81

ㅅ
사업가 8, 10, 11, 13, 23, 28, 42, 62, 63, 84, 90, 92, 105, 111, 121
사업 계획서 13, 23, 24~25
사업 형태 26~27
사회 기반 시설 110, 111
생산 8, 9, 69, 75, 84~93, 97, 114, 119

절약형 생산 88
지속 가능한 생산 92, 93
서비스 5, 7, 9, 11, 13, 14, 15, 16, 17, 19, 20,
  26, 34, 38, 59, 78, 79, 80, 84, 98, 116
  공공 서비스 58, 59
설문 조사 17, 47
성장 80, 95~98, 100, 105
세금 26, 51, 53, 58~61, 64, 101, 107, 110, 115
  법인세 58
  부가가치세(판매세) 59
소매상 37
소비자 17, 36, 37, 67, 78~79, 87, 92, 113, 114,
  115, 116, 117, 120
소수 집단 72, 73
손실 39, 55, 60, 103
수요 112~113, 114
수익 52~53, 54, 55, 56, 64, 102, 112
시장 13, 16, 17, 20, 21, 27, 38, 61, 63, 92, 98,
  100, 112, 121
  시장의 실패 114~115
  시장의 틈새 21
  시장 조사 16~17, 20, 34, 49, 62
  시장 지도 21, 24
  시장 침투 38
신고 시게오 88
신기술 98, 118
신생 창업 기업 22, 61
실패 22, 23, 27, 51, 62~64, 92, 112, 121

ㅇ

아마존 20
아이디어 11, 13, 14~15, 17, 20, 27, 31, 57, 63,
  70, 72, 74, 83, 89, 110, 121
애플 20, 102
영국 76, 77, 93, 100, 101, 102
예산 71
오염 81, 92, 93, 115
유급 휴가 76, 77
유니콘 98~99
유한 책임 27, 102
윤리 경영 28~29

은행 4, 8, 22, 54, 56, 57, 103, 106, 107, 116, 117
  중앙은행 113, 117
은행 위기 107
이사회 68
이익 4, 10, 26, 27, 38, 39, 54, 58, 60, 95, 96, 101,
  103, 121
이자 22, 116
  이자율 116~117
인도 11, 61, 86
일본 16, 86, 88, 90, 102

ㅈ

자금 98, 99
자동화 119
자본 22
재고 88, 112
재산권 110, 111
재화 5, 7, 9, 16, 17, 20, 31, 34, 38, 79, 84, 110,
저축 22, 106, 113, 117
정부 9, 22, 26, 51, 58, 59, 60, 61, 79, 81, 92, 101,
  106, 107, 109, 110, 111, 113, 114, 115, 117, 119
종업원 5, 27, 65, 67, 69, 80, 88, 89
주식 27, 59, 60, 65, 68, 102~103
주주 27, 65, 68, 71, 102, 103
중견 기업 5
중국 86, 98, 102
증권 거래소 102, 103
지역 사회 28, 67, 69, 80~81, 92, 114

ㅊ

창업 지원 121
채용 67, 68, 72, 73, 95
청산 64
초소형 기업 5, 71

ㅌ

토머스 에디슨 62~63
투자 54, 60, 65, 89, 98
투자자 22, 60, 98, 103
트랜스에어로 64~65

팀워크 74

ㅍ

파업 77
판매 19, 20, 21, 26, 31, 32~33, 42, 44, 45, 49, 53, 56, 79, 97, 100, 101, 103, 112, 117
페이스북 103
포드 77
품질 19, 20, 38, 61, 69, 90~91, 97
프랜차이즈 27
프로모션 31, 44~45, 48, 49

ㅎ

합명 회사 27

해외 판매 100~101
헤드헌팅 73
혁신 70, 99
현금 흐름 56~57
협동조합 27
홍보(PR) 44
환경 19, 28, 81, 83, 93, 99, 115
회계 51, 53, 56, 60, 68
회계사 8, 53, 60
효율적 7, 88

CEO(최고 경영자) 68, 69, 70~71
DNA 118
SNS 46, 47
USP(특별한 판매 장점) 42

인터넷에서 자료 찾기

어스본 영문 홈페이지에서 바로가기 링크를 살펴보세요.
기업 활동에 대해 동영상과 여러 가지 자료로 더 알아볼 수 있어요.
다만 연결되는 웹사이트는 모두 영문으로 제공된답니다.
직접 사업을 시작하고 싶은 사람들을 위한 조언도 있어요.
어스본 바로가기(usborne.com/quicklinks)에
방문해서 검색창에 'business for beginners'를 입력해 보세요.

우리가 추천하는 웹사이트에서는
다음과 같은 일들을 해 볼 수 있어요.

- 게임과 퀴즈로 나의 사업 능력 알아보기
- 젊은 사업가 만나 보기
- 공장을 둘러보는 가상 견학하기
- 미국의 뉴욕 증권 거래소 내부 모습 살펴보기

굉장한걸!

만든 사람들

라라 브라이언, 로즈 홀 글

켈런 스토버 그림

고정아 옮김

제이미 볼, 프레야 해리슨 디자인

알렉스 프리스, 제인 치즘 편집

스티븐 몽크리프 책임 디자인

윌슨 터킹턴, 브라이어니 헨리 감수

'실제 사례'로 나오는 것을 빼면 이 책에 나오는 기업 이름과 아이디어는 모두 저자들이 지어낸 것입니다. 혹시 실제 기업과 비슷한 경우가 있어도 모두 우연일 뿐이며, 이 책을 만든 사람 중 누구도 금전적인 대가를 받고 특정 상품이나 기업을 광고하지 않았음을 밝힙니다.

어스본 출판사는 어스본 바로가기에서 추천하는 웹사이트들을 규칙적으로 확인하고 있습니다. 하지만 추천 웹사이트 외 다른 웹사이트의 내용에 대해서 책임지지 않습니다. 다른 추천 사이트들을 살펴보다가 바이러스에 걸릴 경우, 어스본 출판사는 피해에 대해 책임지지 않습니다.

한국어판 1판 1쇄 펴냄 2019년 1월 1일 | 1판 4쇄 펴냄 2020년 11월 30일
옮김 고정아 편집 김산정 디자인 김혜림 펴낸곳 (주)비룡소인터내셔널 전화 02)6207-5007 팩스 02)515-2007
한국어판 저작권 © 2019 Usborne Publishing Ltd.
영문 원서 Business For Beginners 1판 1쇄 펴냄 2017년
글 라라 브라이언 외 그림 켈런 스토버 디자인 제이미 볼 외 감수 윌슨 터킹턴 외
펴낸곳 Usborne Publishing Ltd. usborne.com
영문 원서 저작권 © 2017 Usborne Publishing Ltd.

이 책의 영문 원서 저작권과 한국어판 저작권은 Usborne Publishing Ltd.에 있습니다.
저작권법에 의하여 한국 내에서 보호를 받는 저작물이므로 무단전재와 복제를 금합니다.
어스본 이름과 풍선 로고는 Usborne Publishing Ltd.의 트레이드 마크입니다.